公路工程标准规范理解与应用丛书

《公路电子不停车收费联网运营和服务规范》实施手册

李爱民 主　编
王　刚　杨　蕴 副主编

人民交通出版社股份有限公司

内 容 提 要

本书为《公路电子不停车收费联网运营和服务规范》(JTG B10-01—2014)的配套图书,依托规范条文,总结了近年来ETC运营和服务的经验,融入大量案例,对规范内容进行深入阐释,以期为规范使用者提供参考。

本书适用于从事ETC运营管理和服务的人员以及从事ETC产品生产的相关人员。

图书在版编目(CIP)数据

《公路电子不停车收费联网运营和服务规范》实施手册 / 李爱民主编. — 北京:人民交通出版社股份有限公司,2014.11

ISBN 978-7-114-11841-8

Ⅰ.①公… Ⅱ.①李… Ⅲ.①公路收费系统—收费制度—行业标准—中国—手册 Ⅳ.①U412.36-65

中国版本图书馆CIP数据核字(2014)第267317号

公路工程标准规范理解与应用丛书

书 名:	《公路电子不停车收费联网运营和服务规范》实施手册
著 作 者:	李爱民 王 刚 杨 蕴
责任编辑:	李 农 潘艳霞 张 鑫
出版发行:	人民交通出版社股份有限公司
地 址:	(100011)北京市朝阳区安定门外外馆斜街3号
网 址:	http://www.ccpress.com.cn
销售电话:	(010)59757973
总 经 销:	人民交通出版社股份有限公司发行部
经 销:	各地新华书店
印 刷:	北京市密东印刷有限公司
开 本:	720×960 1/16
印 张:	6.5
字 数:	98千
版 次:	2014年11月 第1版
印 次:	2016年3月 第4次印刷
书 号:	ISBN 978-7-114-11841-8
定 价:	40.00元

(有印刷、装订质量问题的图书,由本公司负责调换)

本书编委会

主　　编：李爱民
副主编：王　刚　杨　蕴
编　　委：刘　旭　韩　彬　刘曼琪　高　薪
　　　　　陈　霖　赵　阳　沈志祥　宁　卿
　　　　　李贤仕　于海宁　尹秀玲　梅乐翔
　　　　　王　琰　王梦佳　宋　杰
主　　审：王　刚　李　剑
审查人员：李　斌　胡　宾　孙兴焕　周正兵
　　　　　杨　蕴　陈　喆　谢蒙萌　江运志
　　　　　刘鸿伟

前　言

经过多年的探索和实践，我国公路电子不停车收费（Electronic Toll Collection，ETC）建设和推广应用规模快速增长。2007年原交通部开展的京津冀和长三角区域高速公路ETC联网示范工程进一步带动了ETC技术在全国各地的广泛应用，社会效益和经济效益初步显现。实践证明，实施ETC是解决收费站拥堵、提高公路网通行效率的有效途径，是公路交通领域节能减排、节约土地和管理成本的重要举措，是适应公路网智能化、综合化、网络化管理的现实需要，也是大力推进"四个交通"发展的重要载体。

截至2014年6月，全国共有26个省市按照国家标准开展了高速公路电子不停车收费系统建设，全国已建设ETC专用车道7 100余条，ETC用户超过1 000万，自营客服网点超过700个，合作网点5 000多个，充值终端超过1万台。2013年ETC系统通行费交易额约占通行费总收入的7%左右。

进入"十二五"以来，国务院、交通运输部相关领导站在践行群众路线教育、为民务实的政治高度，在多次重要讲话中指出要加快实现全国ETC联网，并纳入2014年交通运输部8项重点工作之一。ETC的推广成为贯彻落实十八届三中全会精神、树立服务型行业和落实为民、利民、便民实事的重要举措。2014年3月7日，交通运输部下发《关于开展全国高速公路电子不停车收费联网工作的通知》，正式拉开全国ETC联网工程的序幕。

ETC相关国家标准、行业规范、技术要求及政策等虽已发布实施，但各地在建设 ETC 时，对标准规范、技术文件执行力度不严，或为考虑本省（自治区、直辖市）的个性应用与发展需求，存在一些不同程度的差异。例如车卡绑定问题、车道判定的具体流程、卡片结构定义等，使得省际之间的运营协调难度很大，ETC 联网运营与服务工作面临很大挑战。为规范全国公路电子不停车收费联网运营与服务，保障全国公路 ETC 联网运营秩序，为用户提供优质服务，交通运输部颁布了《公路电子不停车收费联网运营和服务规范》（JTG B10-01—2014）。交通运输部路网监测与应急处置中心组织有关单位编制了《收费公路电子不停车收费联网运营和服务实施细则》。本书在此基础上，充分总结近年来 ETC 运营与服务的经验，融入大量实际案例，对规范和细则的相关内容再进一步进行深入阐述，以期为广大 ETC 运营管理与服务人员以及 ETC 产品生产企业指点迷津，提供有益参考。

本书于 2014 年 8 月在北京确定编写大纲，2014 年 11 月进行了修改和定稿，2014 年 11 月完成了最终统稿工作并交人民交通出版社股份有限公司出版发行。

本书第 1 章由李作敏、王琰负责编写，第 2 章由李爱民、杨蕴、韩彬负责编写，第 3 章由王刚、韩彬负责编写，第 4 章由陈霖、于海宁、尹秀玲、王梦佳负责编写，第 5 章由陈霖、颜鹏、罗伟濂负责编写，第 6 章由梅乐翔、宋杰、李全发负责编写，第 7 章由刘旭、刘曼琪、高薪负责编写，第 8 章由韩彬、沈志祥、费勤瑛负责编写，第 9 章由刘旭、赵阳、宁卿、蔡治负责编写，第 10 章由韩彬、高薪、李贤仕负责编写。

在本书的编写过程中，我们得到了交通运输部公路科学研究院、北京速通科技有限公司、江苏省高速公路联网运营管理中心、安徽省高速公路联网运营有限公司、广东联合电子服务股份有限公司等有关单位的大力支持,在此一并致谢。

由于时间较为仓促,加之编者水平所限,书中错误在所难免,恳请读者和同行提出宝贵意见,以便将来做进一步的充实和修改。

编 者

二〇一四年十月

目　录 MULU

1 总则 ··· 1
2 术语 ··· 3
3 基本规定 ·· 5
4 清分结算 ·· 8
　4.1 清分管理 ··· 8
　4.2 结算管理 ·· 10
　4.3 争议交易处理 ·· 15
　4.4 退费交易处理 ·· 22
　4.5 补交交易处理 ·· 26
5 联网信息管理 ··· 27
6 检测 ··· 30
7 指标参数 ·· 35
8 车道服务 ·· 46
9 用户服务 ·· 56
　9.1 一般规定 ·· 56
　9.2 发行服务 ·· 60
　9.3 投诉服务 ·· 64
　9.4 服务渠道 ·· 70
10 形象标识 ·· 73
　10.1 一般规定 ·· 73
　10.2 制作要求 ·· 74
　10.3 设置要求 ·· 78

目 录

本规范用词用语说明 ·· 83
附件 A 基础知识 ·· 84
附件 B 投诉责任 ·· 91
附件 C 用户应遵守的基础规范 ·································· 92

1 总则

1.0.1 为规范和指导全国公路电子不停车收费（ETC）联网运营与服务，制定本规范。

交通运输部从 2007 年开始在京津冀和长三角区域组织实施高速公路联网 ETC 示范工程建设。在示范工程的带动下，我国公路 ETC 建设和推广应用规模快速增长。截至 2014 年 6 月，全国共有 26 个省市按照国家标准开展了高速公路电子不停车收费系统建设，全国已建设 ETC 专用车道 7 100 余条，ETC 用户超过 1 000 万，自营客服网点超过 700 个，合作网点 5 000 多个，充值终端超过 1 万台。2013 年 ETC 系统通行费交易额约占通行费总收入的 7% 左右。

区域联网开通至今，整体运行基本良好，在为广大驾乘人员带来更为便利的区域通行条件的同时，也带动了区域一体化经济的发展。然而，由于缺乏统一的用户服务标准，造成各地服务流程和质量存在差异，影响用户使用感受。

ETC 是一种付费服务方式，应该遵循消费服务的标准和规范开展相关工作。根据国外 ETC 的发展经验，在工程技术和标准解决之后，最重要的是建立完善的用户服务体系，包括销售、安装、充值、问题处理、售后服务等。目前，各省（自治区、直辖市）交通运输主管部门和高速公路运营方在大力推进 ETC 系统建设以及扩大 ETC 用户数量的同时，也逐步开始重视对联网运营和服务体系的建设。抓紧制定联网运营与服务管理规范，指导各地运营和用户服务体系的建设，推动更大范围内的 ETC 联网运营，对于进一步提升高速公路的运营管理和用户服务水平，提高服务质量，保护道路运营商及广大消费用户的切身利益，提升用户满意度有非常积极的意义。

全国公路 ETC 联网运营与用户服务工作开展应至少满足本规范要求。本规范中的公路主要指收费公路。

1.0.2 本规范适用于公路 ETC 和相关非现金支付的运营与服务。

本规范适用于公路 ETC 和相关非现金支付的运营与服务，其中公路 ETC 业务包括在人工半自动收费车道应用 ETC 非现金支付卡的业务，相关非现金支付指基于 ETC 非现金支付卡开展的相关业务，如公路服务区、停车场、城市道路电子收费等应用 ETC 非现金支付卡的领域。针对对象是参与全国公路 ETC 的各运营和服务机构、收费公路经营管理单位和发行方。

1.0.3 全国公路 ETC 系统的建设、管理、运营和服务除应符合本规范外，尚应符合国家和行业现行有关标准的规定。

本规范注意到了与相关规范的协调一致，但仍可能存在某些不一致的情况。出现这种情况时一般应以本规范为准执行。新颁布的规范在修订过程中，应充分考虑本标准的有关规定，如仍出现不一致时，可参照新颁布规范使用。本规范不能代替所有技术标准，故规定在公路 ETC 系统的建设、运营和服务中，除应符合本规范外，还应符合国家和行业有关现行标准的规定。

与本规范密切相关的标准、规范主要有：

《收费公路管理条例》（国务院第 417 号令）；

《电子收费 专用短程通信》系列国家标准（GB/T 20851.1～5）；

《收费公路联网收费技术要求》（交通部 2007 年第 35 号公告）；

《收费公路联网电子不停车收费技术要求》（交通运输部 2011 年第 13 号公告）。

2 术语

2.0.1 电子不停车收费　electronic toll collection (ETC)
在不停车条件下，应用无线电射频识别及计算机等技术自动完成对通过车辆的识别、收费操作、车道设备控制和收费数据处理的收费方式。

2.0.2 发行　issue
完成用户注册、车载单元与非现金支付卡的安装、激活等的业务。

2.0.3 发行方　issuer
负责一定区域内公路电子不停车收费车载单元、非现金支付卡的经营和管理的实体。

2.0.4 车载单元　on-board unit (OBU)
安装在车辆内部（风挡玻璃或仪表台上）并且支持利用专用短程通信与路侧单元进行信息交换的设备。

2.0.5 非现金支付卡　non-cash payment card for ETC
向社会公开发行的具有收费公路通行费缴纳功能的智能卡，也称为用户卡或CPU用户卡。

2.0.6 争议交易　disputed transaction
参与方对ETC标准账务结算结果提出异议的原始交易。

2.0.7 结算　settlement
各级ETC联网运营和服务机构根据清分统计结果进行资金收付的业务。

2.0.8 轧差　offset balance

结算参与方采用多边金额对冲的方法确定各自应收或应付金额的结算方式。轧差金额是某参与方所有应收金额减去所有应付金额得到的差额。若差额为正，则该差额为参与方本次结算应收金额。若差额为负，则该差额为参与方本次结算应付金额。

2.0.9 退费 refund

在使用ETC进行正常消费时，发生的消费金额与实际存在差异而退还差额部分通行费的业务。

2.0.10 补交 restitution

在使用ETC进行正常消费时，发生的消费金额与实际存在差异而补交差额部分通行费的业务。

2.0.11 黑名单 black list

禁止通过收费车道的车载单元或非现金支付卡列表。

2.0.12 增量黑名单 incremental black list

自上一次生成黑名单的时刻起，发生更新的黑名单。

2.0.13 路侧单元 roadside unit

安装在收费车道门架上或收费岛立柱上的用于同过往车辆上的车载单元进行通信的天线及相应的控制设备。

3 基本规定

3.0.1 公路电子不停车收费（ETC）联网运营和服务的参与方由国家级 ETC 联网运营和服务中心（简称"国家中心"）、省级 ETC 联网运营和服务中心（简称"省中心"）、收费公路经营管理单位和发行方组成。

ETC 联网运营和服务的参与方主要包括：

（1）国家级 ETC 联网运营和服务中心（简称"国家中心"），即交通运输部路网监测与应急处置中心下属的收费公路联网结算管理中心。

（2）省级 ETC 联网运营和服务中心（简称"省中心"）是各省（自治区、直辖市）开展 ETC 运营与服务的主体。目前我国 ETC 联网运营管理模式的表现形式主要分为事业单位管理、公司化运营、事业单位管理和公司运营相结合三种方式。

（3）收费公路经营管理单位主要是指道路业主，也称服务方或路方，是直接面向 ETC 用户的收费服务提供方。如北京市首都公路发展集团有限公司、华北高速公路股份有限公司等。

（4）发行方是指负责一定区域内公路电子不停车收费车载单元、非现金支付卡的经营和管理的实体。

3.0.2 ETC 联网收费客车分类标准应符合表 3.0.2 的规定。

表 3.0.2 ETC 联网收费客车分类标准

类　别	规　格
1 类	≤7 座
2 类	8～19 座
3 类	20～39 座
4 类	≥40 座

考虑全国ETC联网后，确保联网内各省（自治区、直辖市）ETC车辆车型识别的统一性，特规定车型分类标准。

2003年，原交通部发布了交通行业标准《收费公路车辆通行费车型分类》（JT/T 489），对收费公路的客车和货车车型分类进行了统一规定，但仍有一些省份的车型分类不符合该标准。未联网前，车型分类不统一的问题影响不大，但联网后，对于跨省通行的车辆，车型分类不一致将导致在收费标准的确定上出现争议，从而影响清分结算，甚至影响车辆正常通行。因此，全国ETC联网后，为确保联网内各省（自治区、直辖市）ETC车辆车型识别的统一性，车型分类标准必须按照《收费公路车辆通行费车型分类》（JT/T 489）中的有关规定执行。

3.0.3 联网区域内用户车辆、车载单元（OBU）和非现金支付卡应一一对应；未安装OBU的车辆，用户车辆应与非现金支付卡一一对应。

为加强联网区域内各运营方对ETC车辆的统一管理，要求联网区域内用户车辆、OBU和非现金支付卡一一绑定，即一车一标签一卡；对于单发卡未安装OBU的车辆，应实行车卡绑定，即一车一卡。

为加强联网区域内各运营方对ETC车辆的统一管理，严格要求联网区域内用户车辆、OBU和非现金支付卡应一一对应，即一车一标签一卡。一车一标签一卡将有助于参与方对车辆使用非现金支付卡消费的管理，而现在部分省（自治区、直辖市）还存在一车多卡、一卡多车、一车多签等问题，将增大省内运营管理难度，也会给车道通行带来诸多不便。

对于单发卡未安装OBU的车辆，如货车等，严格要求用户车辆应与非现金支付卡一一对应，即一车一卡。

全国ETC联网后，所有公路ETC车道以及MTC车道流程都将做绑定判别，对车卡不符的车辆进行拦截，但由于当前仍有少部分用户未实现车卡绑定，ETC车道以及MTC车道对这部分用户做兼容处理，以缓解对现有用户的影响，实现平稳过渡。

3.0.4 ETC联网运营和服务的各参与方应妥善保管用户资料，并履行保密义务。

由于ETC用户信息涉及隐私安全，ETC联网运营和服务的各参与方应妥善保管用户资料，并履行保密义务，防止信息泄露。

3.0.5 封闭式收费公路环境下，非现金支付卡应兼做通行券使用。

在封闭式收费应用模式下，非现金支付卡不应只做电子钱包使用，应兼做通行券使用。也就是说，如果在入口车道未使用非现金支付卡，出口车道则不应受理非现金支付卡支付方式，用户应使用现金或其他支付方式全额支付通行费。这样规定的原因一方面是为了防止车辆倒卡，另一方面是为了规范ETC非现金支付卡的使用。

在全国ETC联网过渡期内，在已实施路径识别的部分省（自治区、直辖市），非现金支付卡可仅作为支付介质使用。待技术条件完善后，必须按照本条要求，在封闭式收费应用模式下，非现金支付卡应兼做通行券使用。

3.0.6 收费车道系统应生成并保存车道日志，车道日志和抓拍图像保存不应少于40d；车道录像保存不应少于15d；车道原始交易记录保存不应少于1年。

车辆使用ETC车道通行时，车道系统应生成车道日志、车道原始交易记录，并抓拍图像。其中，车道日志内容通常包括路网号、收费站编号、收费车道号、出入口状态、卡类型、非现金支付卡网络编号、非现金支付卡内部编号、交易日期时间、交易状态、车型、车牌号码、TAC码、终端机编号等信息。这些数据是进行争议处理和用户投诉处理的有效证据，也是进行ETC运营与服务质量监测评价的基础数据。

根据争议处理、用户投诉处理以及ETC运营与服务质量监测评价的需要，ETC车道数据的保存时限应符合以下规定：

（1）车道日志和抓拍图像的保存时间不应少于40d；
（2）车道录像的保存时间不应少于15d；
（3）车道原始交易记录的保存时间不应少于1年。

在满足上述规定的条件下，联网各省（自治区、直辖市）可根据需要延长ETC车道数据的保存时间。

4 清分结算

4.1 清分管理

4.1.1 国家中心应对各省中心上传的跨省（自治区、直辖市）交易数据进行核实并确认。

交易数据是指 ETC 用户在通行公路收费车道时产生的记录非现金支付卡信息、交易时间信息、交易金额信息、收费站信息以及验证信息等内容的数据，该数据用作消费记账的电子凭证。

核实是指在国家中心及省中心对清分结果进行的清分对账。

确认是指国家中心发布清分通知书后，省中心对清分结果进行的确认操作；所有省中心进行清分结果确认后，国家中心进行全国确认操作。

4.1.2 清分统计应确认当日正常付款交易数据、确认付款的争议交易数据和确认拒付的争议交易数据等，并形成清分统计结果。

全国 ETC 联网收费清分结算工作在国家中心综合业务系统平台开展，以 T 日为每个清分结算周期的起始日。T 日是指在清分前确认交易数据满足清分条件的日期，该日期原则上以自然日为基准。

国家中心系统每天进行一次清分统计。清分统计日是原始交易进行清分处理的日期。

国家中心系统于 $T+1$ 日 9：00 进行跨省（自治区、直辖市）交易数据的清分，清分数据包括正常付款的交易数据、已确认付款的争议交易数据和确认拒付的争议交易数据。在系统完成清分后，国家中心于 $T+1$ 日 10：00 前对清分结果进行核实对账，并在国家中心综合业务系统中生成清分通知书。

清分统计范围：

(1) 系统对清分目标日早于 T 日（含）的交易进行清分。清分目标日是服务方预设的原始交易清分归属日期，该日期原则上以自然日为基准，系统可根据预定义的规则设置调整，可以跨自然日。

(2) 清分统计数据包括：

①所有已出发行方正常记账的，未参与过清分的交易数据。清分时仍未收到的交易数据，或交易已收到但尚未得到发行方记账结果的交易将推迟清分。

②所有已处理的争议交易，清分前已在系统中生效，且未参与过清分的争议交易数据。包括确认付款的争议交易数据和确认拒付的争议交易数据。

在清分前，省中心应对原始交易上传及记账情况进行检查，国家中心对清分系统数据情况进行检查。对系统接收的和转发的各省（自治区、直辖市）的交易包和数据进行检查，核实交易数据包和确认回执包丢失和未记账情况。核查交易传输情况、记账情况。如遇可能影响清分准确性、及时性的系统问题，省中心应在清分开始前向国家中心通报，国家中心视具体情况决定是否继续按时进行清分，如清分前可解决，在解决后重新核查数据，如清分前未能解决，数据归入下一个清分日进行清分，若因异常原因导致无法按时清分的，国家中心及时通知各省中心。

4.1.3 国家中心应将清分统计结果发送至省中心，省中心确认后应反馈至国家中心。

国家中心在综合业务系统中生成清分通知书并发布。省中心于 $T+1$ 日 16：00 前，在国家中心综合业务系统上对清分结果进行核实并确认。在所有省中心对清分通知书进行确认后，国家中心审核后对清分结果进行封账。

清分通知书示意见表 4-1。

清分通知书计算公式：

清算交易付款交易总量①＝③＋⑤＋⑦

清算交易付款交易总额①＝③＋⑤

清算交易收款交易总量②＝④＋⑥＋⑧

清算交易收款交易总额②＝④＋⑥

表 4-1 清 分 通 知 书

清分统计日：　　　　清分方：　　　　制表日：　　　　单位：　元

其他清分方	项目	清算交易总量		正常交易		确认付款争议交易		确认拒付争议交易	
		付款①	收款②	付款③	收款④	付款⑤	收款⑥	付款⑦	收款⑧
北京	交易量								
	交易额								
上海	交易量								
	交易额								
…									
小计	交易量								
	交易额								
轧差	交易量								
	交易额								

4.1.4 清分应每日进行。

国家中心清分系统每日（含法定节假日）自动进行清分，清分结果的核实及确认遇法定节假日顺延。法定节假日结束后第一个工作日 16：00 前，省中心需要完成节假日期间及之前的清分通知书确认。

4.2　结算管理

4.2.1 ETC跨省（自治区、直辖市）联网资金结算应采用轧差结算的方式。

国家中心系统于 $T+2$ 日 10：00 前进行跨省（自治区、直辖市）通行费的结算，生成结算通知书，同时向结算银行下发资金归集指令。结算包括 $T+1$ 日清分统计数据、未参与过结算的退费数据及补交数据。结算通知书明确各省（自治区、直辖市）轧差后的应收款或应付款。

结算通知书示意见表 4-2。

结算通知书计算公式：

清算交易付款交易总量①＝③＋⑤＋⑦＋⑪

清算交易付款交易总额①＝③＋⑤－⑨＋⑪

4 清分结算

清算交易收款交易总量②＝④+⑥+⑧+⑫
清算交易收款交易总额②＝④+⑥-⑩+⑫

表 4-2 结算通知书

结算日：　　　　清分方：　　　　清分统计日：　　　　单位：元

其他清分方	项目	清算交易总量		正常交易		确认付款争议交易		确认拒付争议交易		退费交易		补交交易	
		付款①	收款②	付款③	收款④	付款⑤	收款⑥	付款⑦	收款⑧	付款⑨	收款⑩	付款⑪	收款⑫
北京	交易量												
	交易额												
上海	交易量												
	交易额												
...													
小计	交易量												
	交易额												
轧差	交易量												
	交易额												

4.2.2 依据清分统计结果，应付省份的省中心应将资金划转至国家中心，国家中心收到全部应付资金后，应将资金划转至应收省份的省中心。

国家中心完成结算后生成结算通知书，通知书中明确了各省（自治区、直辖市）轧差后的应收款和应付款，同时国家中心向结算银行下发资金归集指令，应付款的省中心在收到资金归集指令后，及时将资金划转到省中心指定的银行结算账户，国家中心结算银行归集资金，收到全部应付资金后，将资金划拨至应收省份的省中心，完成资金划拨。

结算通知书是各省中心和银行进行结算及资金划拨的依据。轧差后应付款的省（自治区、直辖市），应在收到结算通知书后将应付费用划拨至本省（自治区、直辖市）结算账户，最晚不得晚于 $T+4$ 日 15：00。结算银行收到归集指令后，按结算金额对省（自治区、直辖市）结算账户进行资金归集。并于 $T+4$ 日 17：00 完成资金归集，使所有款项归集至国家中心结算账户。结算银行应将资金归集结果反馈至国家中心、省中心。

国家中心于 $T+5$ 日 10:00 向结算银行下发资金划拨指令,将资金从国家中心结算账户划拨至应收款的省(自治区、直辖市)结算账户。结算银行完成划拨后,将结果反馈至国家中心、省中心。

若 $T+4$ 日因部分省(自治区、直辖市)迟付款的原因未完成资金归集,国家中心于 $T+5$ 日向结算银行重复下发资金归集指令,资金划拨向后顺延一日。

除不可抗力等因素外,个别省(自治区、直辖市)连续 2 次或 1 年内出现 3 次未及时足额将应付款划拨至省(自治区、直辖市)结算账户,影响全国联网工作正常运行的,由国家中心向行业进行通报并报上级机关处理。

为了更直观地理解清分结算工作,让业务人员高效快捷地处理每日工作,顺利开展清分结算工作,下面以图表的方式列举了 3 个有代表性的日期,正常的周六日,连续 3d 休假,遇"十一"七天长假。图表中列示了节假日结束后第一个工作日上班,国家中心和省中心分别应完成的工作,如图 4-1~图 4-3 所示。

定义 T 日为一个清分结算周期的起始日,称第一个 T 日为 $T1$ 日,第二个 T 日为 $T2$ 日,依次类推。

(1) 正常周六日(两天假日)

			2014/8/4-2014/8/17			
星期一	星期二	星期三	星期四	星期五	星期六	星期日
8月4日	5	6	7	8	9	10
T日($T1$)	T日($T2$) 【国家中心】 9:00,$T1$清分 10:00,$T2$清分通知书 【省中心】 16:00,$T1$清分确认	T日($T3$) 【国家中心】 9:00,$T2$清分 10:00,$T3$清分通知书 16:00,$T1$结算通知书及资金归集 【省中心】 16:00,$T2$清分确认	T日($T4$) 【国家中心】 9:00,$T3$清分 10:00,$T4$清分通知书 16:00,$T2$结算通知书及资金归集 【省中心】 16:00,$T3$清分确认	T日($T5$) 【国家中心】 9:00,$T4$清分 10:00,$T5$清分通知书 16:00,$T3$结算通知书及资金归集 【省中心】 16:00,$T1$付款	T日($T6$) 【国家中心】 9:00,$T5$清分	T日($T7$) 【国家中心】 9:00,$T6$清分
11	12	13	14	15	16	17
T日($T8$) 【国家中心】 9:00,$T7$清分 10:00,$T5$~$T7$清分通知书 10:00,$T4$结算通知书及资金归集 10:00,$T1$划拨 16:00,$T5$~$T7$清分确认 【省中心】 15:00,$T2$完成付款 16:00,$T5$~$T7$清分确认	T日($T9$) 【国家中心】 9:00,$T8$清分 10:00,$T5$~$T7$结算通知书及资金归集 10:00,$T2$划拨 16:00,$T8$清分确认 【省中心】 15:00,$T3$完成付款 16:00,$T8$清分确认	T日($T10$) 【国家中心】 9:00,$T9$清分通知书 10:00,$T8$结算通知书及资金归集 10:00,$T3$划拨 16:00,$T9$清分确认 【省中心】 15:00,$T4$完成付款 16:00,$T9$清分确认	T日($T11$) 【国家中心】 9:00,$T10$清分 10:00,$T11$清分通知书 16:00,$T9$结算通知书及资金归集 16:00,$T5$~$T7$划拨 16:00,$T10$清分确认 【省中心】 15:00,$T5$~$T7$完成付款 16:00,$T10$清分确认	T日($T12$) 【国家中心】 9:00,$T11$清分 10:00,$T11$清分通知书 16:00,$T10$结算通知书及资金归集 16:00,$T5$~$T7$划拨 16:00,$T11$清分确认 【省中心】 15:00,$T8$完成付款 16:00,$T11$清分确认		

图 4-1 节假日清分结算工作示例 1

4 清分结算

(2) 三天假日 (2014年9月8日为中秋节,放假1d)

			2014/9/1-2014/9/12			
星期一	星期二	星期三	星期四	星期五	星期六	星期日
9月1日 T日(T1)	2 T日(T2) 【国家中心】 9:00, T1清分 10:00, T1清分通知书 【省中心】 16:00, T1清分确认	3 T日(T3) 【国家中心】 9:00, T2清分 10:00, T2清分通知书 10:00, T1结算通知书及资金归集书 【省中心】 16:00, T2清分确认	4 T日(T4) 【国家中心】 9:00, T3清分 10:00, T3清分通知书 10:00, T2结算通知书及资金归集书 【省中心】 16:00, T3清分确认	5 T日(T5) 【国家中心】 9:00, T4清分 10:00, T4清分通知书 10:00, T3结算通知书及资金归集 【省中心】 16:00, T1付款 16:00, T4清分确认	6 T日(T6) 【国家中心】 9:00, T5清分	7 T日(T7) 【国家中心】 9:00, T6清分
8 T日(T8) 【国家中心】 9:00, T7清分	9 T日(T9) 【国家中心】 9:00, T8清分通知书 10:00, T4结算通知书及资金归集 10:00, T1划拨 16:00, T5~T8清分确认 【省中心】 15:00, T2完成付款 16:00, T5~T8清分确认	10 T日(T10) 【国家中心】 9:00, T9清分 10:00, T9清分通知书 10:00, T5~T8结算通知书及资金归集 10:00, T2划拨 16:00, T9清分确认 【省中心】 15:00, T3完成付款 16:00, T9清分确认	11 T日(T11) 【国家中心】 9:00, T10清分 10:00, T10清分通知书 10:00, T9结算通知书及资金归集 10:00, T3划拨 16:00, T10清分确认 【省中心】 15:00, T4完成付款 16:00, T10清分确认	12 T日(T12) 【国家中心】 9:00, T11清分 10:00, T11清分通知书 10:00, T10结算通知书及资金归集 10:00, T4划拨 16:00, T11清分确认 【省中心】 15:00, T5~T8完成付款 16:00, T11清分确认	13 T日(T13) 【国家中心】 9:00, T12清分	14 T日(T14) 【国家中心】 9:00, T13清分

图 4-2 节假日清分结算工作示例 2

(3) 七天假期("十一"黄金周放假7d,法定节假日结束后第一个工作日16:00前,省中心需要完成节假日期间及之前的工作)

4.2.3 结算应每日进行,节假日顺延,结算周期不应长于5个工作日。

国家中心每日进行结算并生成结算通知书,遇法定节假日顺延。法定节假日结束后第一个工作日的10:00前,国家中心需要下发节假日之前的结算通知书、资金归集及划拨指令。法定节假日结束后第一个工作日的15:00前,轧差后应付款的省(自治区、直辖市),应将节假日期间及之前的应付费用划拨至省(自治区、直辖市)结算账户。

未能在本次结算周期内统计的退费交易、补交交易等,归入下一结算周期。

为保证数据的正确性,资金结算的准确性与及时性,结算银行每日和国家中心、各省中心进行资金归集、资金划拨的对账。应付款省中心和结算银行核对资金是否成功归集;应收款省中心与结算银行核对资金是否成功划拨,是否及时到账。对账及反馈可采用国家中心系统信息、手机短信、邮件、网上银行等方式。

2014/9/27-2014/10/17							
星期六	星期日	星期一	星期二	星期三	星期四	星期五
9月27日	28	29	30	10月1日	2	3
T日(T1)	T日(T2) 【国家中心】 9:00,T1清分	T日(T3) 【国家中心】 9:00,T2清分 10:00,T1~T2清分通知书 【省中心】 16:00,T1~T2清分确认	T日(T4) 【国家中心】 9:00,T3清分 10:00,T1~T2结算通知书及资金归集 【省中心】 16:00,T3清分确认	T日(T5) 【国家中心】 9:00,T4清分	T日(T6) 【国家中心】 9:00,T5清分	T日(T7) 【国家中心】 9:00,T6清
4	5	6	7	8	9	10
T日(T8) 【国家中心】 9:00,T7清分	T日(T9) 【国家中心】 9:00,T8清分	T日(T10) 【国家中心】 9:00,T9清分	T日(T11) 【国家中心】 9:00,T10清分	T日(T12) 【国家中心】 9:00,T11清分 10:00,T4~T11清分通知书 10:00,T3结算通知书及资金归集 16:00,T4~T11清分确认 【省中心】 16:00,T4~T11清分确认	T日(T13) 【国家中心】 9:00,T12清分 10:00,T12清分通知书 10:00,T4~T11结算通知书及资金归集 16:00,T12清分确认 【省中心】 15:00,T1~T2完成付款 16:00,T12清分确认	T日(T14) 【国家中心】 9:00,T13清分 10:00,T13清分通知书 10:00,T12结算通知书及资金归集 10:00,T1~T2划拨 16:00,T13清分确认 【省中心】 15:00,T3完成付款 16:00,T13清分确认
11	12	13	14	15	16	17
T日(T15) 【国家中心】 9:00,T14清分 10:00,T14清分通知书 10:00,T13结算通知书及资金归集 10:00,T3划拨 16:00,T14清分确认 【省中心】 15:00,T4~T11完成付款 16:00,T14清分确认	T日(T16) 【国家中心】 9:00,T15清分	T日(T17) 【国家中心】 9:00,T16清分 10:00,T15~T16清分通知书 10:00,T14结算通知书及资金归集 10:00,T4~T11划拨 16:00,T15~T16清分确认 【省中心】 15:00,T12完成付款 16:00,T15~T16清分确认	T日(T18) 【国家中心】 9:00,T17清分 10:00,T17清分通知书 10:00,T15~T16结算通知书及资金归集 10:00,T12划拨 16:00,T17清分确认 【省中心】 15:00,T13完成付款 16:00,T17清分确认			

图 4-3 节假日清分结算工作示例 3

结算流程示意图如图 4-4 所示。

4 清分结算

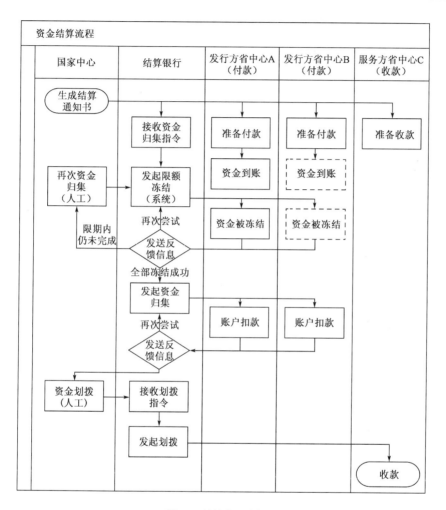

图 4-4 结算流程示意图

4.3 争议交易处理

4.3.1 争议交易涉及的各参与方应提供证据,配合完成争议交易的最终处理。

国家中心在收到发行方返回的记账信息后,发布争议交易明细记录,各省(自治区、直辖市)可对未作处理的争议交易进行办理,原则上由省(自治区、

15

直辖市）服务方发起争议交易处理流程。争议交易处理周期自争议交易发布次日起不超过10个工作日，涉及争议的双方应完成收集证据、核查及处理工作。争议交易一经发布应不晚于1个工作日响应处理。

争议交易是省（自治区、直辖市）的发行方按照规则进行记账时，对记账结果产生异议的交易。争议交易记账结果经省（自治区、直辖市）的发行方系统传至发行方所属省中心系统，省中心系统传至国家中心综合业务系统；国家中心综合业务系统传至服务方所属省中心系统，服务方所属省中心系统传至省（自治区、直辖市）的服务方。

争议交易由人工核查并在系统中提交最终处理意见。

争议交易处理结果包括确认付款和确认拒付两种。处理为确认付款的争议交易，系统中争议交易记账状态为"争议付款"；处理为确认拒付的争议交易，系统中争议交易记账状态为"争议坏账"；争议交易处理结果一经在系统中提交不可更改。

国家中心进行争议交易明细记录的发布，省中心对未处理争议交易明细记录进行响应、处理。响应即省中心在规定时限内查询、生成争议交易明细，处理即省中心完成争议交易核查、相关证据的收集、在系统中上传证据并提交最终处理意见的过程。

争议交易处理由相关的省（自治区、直辖市）服务方主动发起争议交易处理流程。

争议交易处理周期自争议交易发布次日起不超过10个工作日完成，根据争议交易产生的数量、类型、原因分析难易程度等情况由省中心协商处理。

省中心业务人员每日登录国家中心综合业务系统，核查前日（及之前）的争议交易明细，提交争议交易的处理意见（争议支付、争议坏账），并上传相关文字说明、车道日志、抓拍图像等证据。

省中心在国家中心综合业务系统中核查与本省（自治区、直辖市）服务方及本省（自治区、直辖市）发行方相关的争议交易，分别协调本省（自治区、直辖市）的服务方、本省（自治区、直辖市）的发行方提供争议交易的处理意见（争议支付、争议坏账）及车道日志、抓拍图像等证据。

4 清分结算

如服务方对争议交易的处理意见为确认坏账,则该笔争议交易处理完毕,系统将在次日对其进行清分。

经省(自治区、直辖市)服务方核查,服务方确认后返回的争议交易处理意见为争议坏账。省(自治区、直辖市)服务方业务人员在国家中心综合业务系统中直接处理为确认坏账并进行文字说明,系统处理流程结束,次日清分数据包含已处理的确认坏账争议交易数据。省(自治区、直辖市)服务方保存经服务方确认的争议交易处理意见文件。

如服务方对争议交易的处理意见为申请支付,则该笔争议交易由国家中心流转至争议交易所属发行方的省中心,由交易所属发行方的省中心协调发行方审核信息、证据并回复处理意见。

经省(自治区、直辖市)服务方核查,服务方确认后返回的争议交易处理意见为争议支付,省(自治区、直辖市)服务方业务人员在国家中心综合业务系统中进行文字说明并处理为支付申请。省(自治区、直辖市)服务方保存服务方提供的车道日志、抓拍图像等证据以及经服务方确认的争议交易处理意见文件。

如发行方审核后同意支付,则在系统中进行支付处理操作。

经省(自治区、直辖市)发行方核查,发行方确认后返回的争议交易处理意见为同意支付,省(自治区、直辖市)发行方业务人员在国家中心综合业务系统中进行文字说明并处理为确认付款。系统处理流程结束,次日清分时包含已处理的确认付款争议交易数据。省(自治区、直辖市)发行方保存经发行方确认的争议交易处理意见文件。

如发行方对服务方提交的处理意见存有异议,则需补充拒付意见,流转回服务方进行下一轮协商。

经省(自治区、直辖市)发行方核查,发行方确认后返回的争议交易处理意见为争议拒付,由发行方提供核查证据,省(自治区、直辖市)发行方上传核查证据并提交处理结果;省(自治区、直辖市)服务方收到流转回来的争议拒付处理结果,如服务方经再次核查后处理意见为接受争议拒付处理结果,系统处理流程结束,次日清分时包含已处理的确认坏账争议交易数据。如服务方经再次核查后处理意见仍为争议支付,补充车道日志、抓拍图像等相关证据,省(自治区、直辖市）服务方上传至系统进行下一轮协商。

流程示意图如图 4-5 所示。

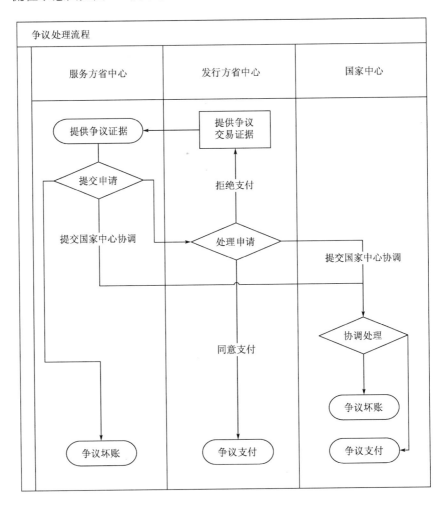

图 4-5　争议处理流程示意图

4.3.2 争议交易的处理结果应为确认付款的争议交易或确认拒付的争议交易。

根据争议交易类型及处理条件，争议交易处理为确认付款或确认拒付。

主要争议交易类型：

用户状态变化：此类型为交易记录在发行方进行账户记账时，账户或非现金支付卡已挂失、透支、无卡注销或被禁用等，且交易记录产生的时间超过发行方产生黑名单时间的 24h 以外。

逾期超过设定值：此类型为交易记录产生的时间与上传到发行系统的时间间隔超过了系统设定的 30 个自然日造成。

其中，30 个自然日的测算依据如下：

（1）收费公路经营管理单位在交易数据产生后，上传至省中心的时限不应超过 21 个自然日；

（2）省中心上传至国家中心的时限不应超过 3 个自然日；

（3）国家中心下发至各省中心的时限不应超过 3 个自然日；

（4）发行方完成交易数据确认并发送确认信息的时限不应超过 3 个自然日。

卡号不存在：此类型为交易记录在发行系统进行 IC 卡验证时，卡片不存在造成。

TAC 验证未通过：此类型为车道交易产生的 TAC 码不正确，在记账验证时无法通过造成。

无效卡类型：此类型为交易记录在发行系统进行 IC 卡验证时，卡片类型不存在或被取消造成。

重复交易：此类型为两条或以上的交易同时存在相同的卡号、交易车道、交易时间、TAC 关键信息。

争议处理条件：

（1）用户状态变化

争议付款的条件：

黑名单从发行方产生并下发的 24h 后，但服务方下发时间小于 16h，在服务方发生的车道交易，由发行方核实延误下发黑名单的参与方后进行争议付款，如不涉及发行方责任，则发行方向违约方申请资金补偿。

系统提供状态名单传输历史信息查询功能。省（自治区、直辖市）服务方、省（自治区、直辖市）发行方分别在系统中核查状态名单传输信息，黑名单从发行方产生并下发超过 24h，但服务方自接收到至下发车道时间小于 16h，则省

（自治区、直辖市）服务方申请支付，省（自治区、直辖市）发行方核查后应按支付处理争议交易。

如发行方在黑名单产生后，上传至省中心的时限超过 2h，由发行方承担全部责任；如涉及其他参与方责任，由发行方核实并向责任方申请资金补偿。

争议拒付的条件：

黑名单从发行方产生并下发的 24h 后，且服务方下发时间大于 16h，在服务方发生的车道交易。

(2) 逾期超过设定值

逾期超过 30 个自然日的交易数据应作为确认拒付的争议交易数据。但在系统实际操作中按以下两种方式进行。

争议付款的条件：

服务方交易上传时间小于 21 个自然日，由发行方核实造成逾期的参与方后进行争议付款，如不涉及发行方责任，则发行方向违约方申请资金补偿。

系统提供原始交易传输历史信息查询功能。省（自治区、直辖市）服务方、省（自治区、直辖市）发行方分别在系统中核查交易数据传输信息，服务方交易上传时间至服务方所在省中心时间小于 21 个自然日，则服务方申请支付，发行方核查后应按支付处理争议交易。

如因发行方完成交易数据确认并发送确认信息的时限超过 3 个自然日，由发行方承担全部责任；如涉及其他参与方责任，由发行方核实并向责任方申请资金补偿。

争议拒付的条件：

服务方交易上传时间大于 21 个自然日。

因服务方的原因，造成交易上传至服务方所在省中心时间大于 21 个自然日，服务方应按坏账提交争议交易处理结果，系统处理流程结束。

(3) 卡号不存在

争议付款的条件：

经发行方核实，用户卡确实为其所发行的合法卡片，且 TAC 码产生正常。

经发行方核查，用户卡确为发行系统正常发行的合法卡片，由于系统原因没有成功记录卡发行信息而判定的"卡号不存在"争议交易,应由发行方调试系统后按"确认付款"处理。

争议拒付的条件:

经发行方核实,用户卡信息非法。

经发行方核查,用户卡确不属其发行的卡片,由发行方协调服务方核查车道录像、车道日志等信息进行调查后回复争议交易处理意见。

(4) TAC 验证未通过

争议付款的条件:

经发行方和服务方核实后确认交易合规,且该笔交易不涉及其他应做拒付处理的问题。

经服务方核查,争议交易确为车道正常通行产生的合法交易;经发行发核查产生争议交易卡片确为经发行方合法发行的,并且卡发行状态及账户状态均为正常,且该笔交易不涉及其他应做拒付处理的问题;争议交易按"确认付款"处理。

争议拒付的条件:

经发行方和服务方共同验证,确认不合规。

(5) 无效卡类型按拒付处理

经发行方核查,产生交易的卡类型不是发行方系统中定义的合法卡类型,争议交易按"确认拒付"处理。

(6) 重复交易按拒付处理

经发行方核查,系统中有两条或以上相同的卡号、交易车道、交易时间、TAC 关键信息的重复交易数据,如既有正常交易数据又有争议交易数据时,保留一条"记账正常"的正常交易数据,其余的争议交易全部按"确认拒付"处理;如产生的都为争议交易数据时,保留一条"确认付款"的争议交易数据,其余的争议交易全部按"确认拒付"处理。

4.3.3 争议交易处理应每日进行。国家中心每日应向省中心发送前 1 日接收到的争议交易;省中心应在收到争议交易后的 10 个工作日内完成争议处理,将处理结果反馈至国家中心。

具体详见上述 4.3.1。

4.3.4 省中心在 10 个工作日内未能就争议交易处理结果达成一致时，应交由国家中心，国家中心应在 10 个工作日内协调解决。

各方应首先以实施细则中约定的条款为处理依据，相关条款无法指导操作、且经多次协商确实无法达成统一意见的情况，各方应补充充足、准确的证据，由服务方发起经发行方确认后，将争议交易提交国家中心，国家中心于 10 个工作日内出具最终处理意见并执行，争议各方不得异议。国家中心按照规则对提交的争议进行处理，典型案例将征求行业专家意见。

争议交易处理根据《公路电子不停车收费联网运营和服务规范》(JTG B10-01—2014)、《收费公路电子不停车收费联网运营和服务实施细则》、《全国高速公路电子不停车收费联网参与方间接口设计》及相关标准约定的条款执行。争议交易仲裁申请由省（自治区、直辖市）服务方发起，省（自治区、直辖市）发行方进行确认后方提交至国家中心。国家中心依据双方已经提交的证据进行核查，根据核查结果在系统中提交争议支付或争议拒付处理结果，次日清分时包含经仲裁处理的确认付款或确认坏账争议交易数据。

4.3.5 争议处理结果应纳入到下一个清分日的统计数据中。

自本次清分结束至下一次清分前，系统中生效的确认付款的争议交易数据和确认拒付的争议交易数据将被纳入到下一个清分日的统计数据中。

4.3.6 逾期超过 30 个自然日的交易数据应作为确认拒付的争议交易数据。具体详见上述 4.3.2。

4.4 退费交易处理

4.4.1 跨省（自治区、直辖市）退费交易应由提出申请的省中心上报国家中心，国家中心协调相关省中心办理退费。

退费是指在使用 ETC 进行正常消费时，发生的消费金额与实际存在差异而退还差额部分通行费的业务。一般是由于人为错误或系统异常，造成多收取用户通行费，经核实后通行费多收取部分由服务方经发行方退还给用户。

退费类型包括以下两种：

（1）用户在联网 ETC 系统范围内行驶造成的通行异常、消费情况与实际不符产生的扣费争议投诉。

（2）用户行驶联网 ETC 系统范围内，由于人为错误或系统异常，造成多收取用户通行费，由所行驶收费公路开具退费单的退费业务。

发行方和服务方都可以提出退费申请，对应的省中心应在 1 个工作日内，对收到的退费申请进行响应处理，响应即查询收到的退费申请。发行方和服务方可在国家中心综合业务平台查询退费处理状态。

4.4.2 退费交易处理涉及的各参与方应提供证据，配合完成退费交易的最终处理。

各省（自治区、直辖市）申请退费时需与参与方相互配合提供相关的退费证据，如抓拍图像、车道日志及文字说明等资料，退费交易通过协商方式形成最终处理意见。

退费处理类型：

（1）省中心业务人员每日登录国家中心综合业务平台查看收到的其他省中心发送的退费数据，对通行情况和退费金额等信息进行核查，在系统中查询是否真实通行交易，如确认信息无误属于真实通行交易，在系统中检查退费交易记录是否为重复退费，检查提交退费申请中对应的交易卡号、交易日期、交易金额等信息，如已足额退费，退费申请驳回。反之，审核提交的退费证据，如抓拍图像、车道日志及文字说明等。审核无误，同意退费。审核不一致，拒绝退费，退费申请驳回，申请退费的省（自治区、直辖市）可补充退费证据，再次申请。

（2）省中心业务人员每日登录国家中心综合业务平台查看收到的经客户投诉流转来的退费信息，对通行情况和退费金额等信息进行核查，系统中查询是否真实通行交易，如确认信息无误属于真实通行交易，在系统中检查退费交易记录是否为重复退费，检查提交退费申请中对应的交易卡号、交易日期、交易金额等信息，如已足额退费，退费申请驳回。反之，审核提交的退费证据，如抓拍图像、车道日志及文字说明，确认证据充足，交易真实，审核无误，在规定时间内出具最终处理意见。

退费处理流程：

（1）由服务方发起的退费交易处理流程：服务方核实退费对应的交易记录后，录入相关信息，系统将退费申请流转至发行方所属省中心。发行方同意退费，应在3个工作日内完成退费操作。发行方拒绝退费，发行方应在3个工作日内出具相关说明，双方进行协商处理，整个周期不得超过10个工作日。

流程图如图4-6所示。

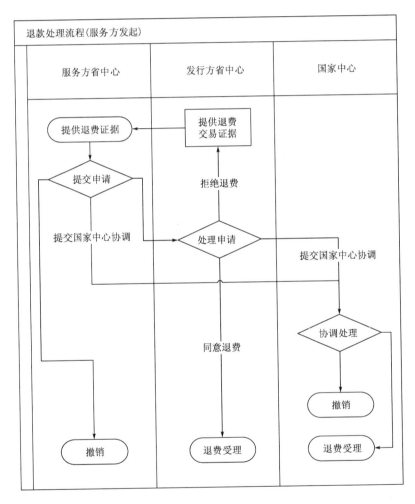

图4-6 退款处理流程示意图（服务方发起）

（2）由发行方发起的退费交易处理流程：发行方核实退费对应的交易记录后，录入相关信息，系统将退费申请流转至服务方所属省中心。服务方同意退费，应在 10 个工作日内完成退费操作。服务方拒绝退费，服务方应在 5 个工作日内出具拒绝退费的相关证据，双方进行协商处理，整个周期不得超过 10 个工作日。

流程图如图 4-7 所示。

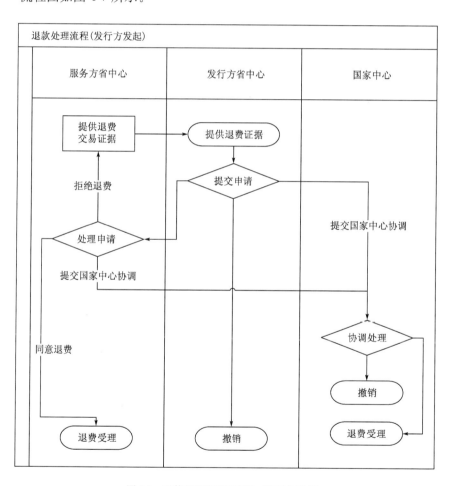

图 4-7 退款处理流程示意图（发行方发起）

4.4.3 退费交易处理结果应纳入到下一个结算日的统计数据中。

系统处理退费交易流程结束，退费数据纳入下一结算日的统计数据中，次日结算时包含已处理退费交易数据。退费交易流程结束后发行方应在5个工作日内向客户退费。

4.5 补交交易处理

4.5.1 跨省（自治区、直辖市）补交交易应由提出申请的省中心上报国家中心，国家中心协调相关省中心办理补交。

补交是指在使用ETC进行正常消费时，发生的消费金额与实际存在差异而补交差额部分通行费的业务。差额部分由用户经发行方补交给服务方。

补交通常包括因OBU车型发行错误、收费员判断异常、用户跟车、闯关等原因导致的漏交、少交高速公路通行费的情况。

4.5.2 补交交易处理涉及的各参与方应提供证据，配合完成补交交易的最终处理。

各省（自治区、直辖市）申请补交时需与参与方相互配合提供相关的补交证据，如抓拍图像、车道日志、车道录像及文字说明等资料，补交处理通过协商方式解决。

4.5.3 补交交易处理结果应纳入到下一个结算日的统计数据中。

补交数据纳入下一结算日的统计数据中，次日结算时包含已处理补交交易数据。

5 联网信息管理

5.0.1 联网信息应包括基础信息、发行信息、黑名单等。

基础信息主要为清分方、服务方、发行方等相关参与方信息。

黑名单的字段有非现金支付卡内部编号、OBU合同序列号、车牌号、状态类型、生成时间,其中状态类型包含挂失、无卡注销、透支、禁用、恢复正常,原则上车牌号仅在军车中应用。

5.0.2 基础信息应由国家中心根据省中心上报的信息生成及更新。

基础信息包括联网省份代码、联网区域内参与方信息等。

参与方包括清分方、服务方、发行方,在参与方信息配置中,原则上每省(自治区、直辖市)只可设置一个清分方代表、一个服务方代表。

如各省(自治区、直辖市)需添加参与方信息,应向国家中心提交书面申请,明确参与方关键信息。

国家中心对省中心提交的申请进行审核,经确认后在系统中进行配置并下发至所有省中心。

收到参与方变更信息的省中心,对内容进行审核,经确认后在系统中进行配置并下发至服务方车道系统。

国家中心、省中心应对参与方信息进行逐级审核,建立相应的报批制度。

5.0.3 发行方应将发行信息经省中心发送至国家中心。国家中心应及时汇总发行信息,并在联网省份内实现共享。

发行信息共享包括车牌号、发行方等信息,用于保证联网区域内一车一标签一卡。

在联网初期,各省中心每日24:00将发行方当日生成的用户信息上传至国家中心,国家中心将信息汇总后于每日8:00将前日数据关键字段同步至各省中心；对于省（自治区、直辖市）存在多个发行方的情况，用户信息应在省（自治区、直辖市）内实时共享。在联网运行稳定后，信息应在全国范围内实现实时共享。

用户信息的上传和同步采用全量和增量两种方式。首次上传和同步采用全量方式，此后除接收方主动请求外，全部采用增量的方式。

同步至各省（自治区、直辖市）的用户信息仅用于发行认证使用，各参与方须采取严格措施保障信息安全。

5.0.4 黑名单应由发行方生成，其他参与方不得更改。

黑名单包括处于挂失、无卡注销、透支、禁用等状态的用户。

黑名单数据由发行方生成并经省中心、国家中心等环节转发至服务方，在整个过程中不对黑名单做任何修改，服务方对黑名单进行更新。

5.0.5 发行方应将黑名单经省中心发送至国家中心，由国家中心统一下发，各省中心应及时对路网中的黑名单进行更新。

黑名单采用全量和增量两种方式，发行方每日9：00发送全量黑名单，此后每2h发送一次增量名单。其他参与方及时转发黑名单，根据需要，各省（自治区、直辖市）也可向国家中心请求重发。

5.0.6 黑名单生效时间不得超过24h。

24h的测算依据如下：

（1）发行方在黑名单产生后，上传至省中心的时限不应超过2h；

（2）各省中心上传至国家中心的时限不应超过2h；

（3）国家中心下发至各省中心的时限不应超过2h；

（4）各省中心下发至省（自治区、直辖市）内收费公路经营管理单位的时限不应超过2h；

（5）收费公路经营管理单位将黑名单下发至车道的时限不应超过16h。

黑名单自生成至下发车道生效，时间不得超过24h。其中，发行方在用户状态信息产生后，上传至省中心的时限不应超过2h；各省中心上传至国家中心的数据时限不应超过2h；国家中心下发至各省中心的数据传输时限不应超过2h；

各省中心下发至省（自治区、直辖市）内服务方的时限不应超过2h；服务方将黑名单下发至车道的时限不应超过16h。因传输超时造成的损失由相应责任方承担。

5.0.7 增量黑名单应每2h发送一次，全量黑名单应每24h发送一次。

黑名单采用全量和增量两种方式，发行方每日9：00发送全量黑名单，此后每2h发送一次增量名单。其他参与方及时转发黑名单，根据需要，各省（自治区、直辖市）也可向国家中心请求重发。

5.0.8 国家中心和各省中心应建立联网信息传输管理机制，在自动传输失效时可由人工干预完成。

针对传输可能发生的异常，为不影响各省正常结算，国家中心与各省中心建立联网信息管理机制以应对此类情况。对于原始交易文件，状态名单文件，以及清分消息文件等重要信息采取人工干预的方式。

6 检测

6.0.1 国家中心应组织 ETC 关键设备及系统的检测和测试工作。

ETC 关键设备包括路侧单元、OBU、OBU 初始化设备、IC 卡及读写器等；关键系统包括 ETC 专用车道系统、非现金支付车道系统以及清分结算管理中心系统等。

国家中心负责全国 ETC 关键设备及系统检测体系的建立以及联网测试的组织、管理工作。

联网测试主要包括：ETC 关键设备测试、车道软件系统测试、清分结算系统测试三部分。此项测试由国家中心统一组织，各测试部分的测试要求简述如下：

（1）ETC 关键设备测试

测试项目包括用户卡消费指令及用户卡结构测试、MTC 车道用户卡机具—用户卡设备兼容性测试、RSU-OBU 设备兼容性测试、OBU 的 DSRC 协议一致性测试、OBU 物理指标测试、RSU-OBU 协议互通测试、RSU 物理指标测试等项目。

主要目的是确保不同省（自治区、直辖市）的 ETC 核心设备能够物理上和协议上互通，验证各省（自治区、直辖市）卡片结构和指令、标签协议支持上是否符合国标以及全国联网技术要求的规定。

（2）车道软件系统测试

测试项目包括：车道异常交易处理测试、车道记录准确性测试、车道交易时间测试、车道交易异常 TAC 验证测试。

主要目的是确保不同省（自治区、直辖市）的车道软件对于跨省车道交易做出有效且统一的处理，车道软件生成记录信息准确，车道交易时间满足要求。

（3）清分结算系统测试

测试项目包括：消息文件验证、功能性测试、其他专项测试。

6 检 测

测试目的是确保各省市上传的原始交易、记账结果、争议处理、清分结算、增全量状态名单等消息文件数据格式正确，原始交易 TAC 码计算正确，国家中心软件能有效解析跨省市交易数据，报表及对账功能满足系统要求；系统网络通信正常，并满足一定量压力测试要求。

6.0.2 联网区域内所有 ETC 关键设备应符合国家和行业现行有关标准规定，并必须通过具备相关检测资质的第三方检测机构的型式检验。

型式检验是为产品认证目的而进行，由认证机构对一个或多个具有生产代表性的产品样品，通过一系列试验及合理评价来证明受试样品是否符合其相应标准的过程。

型式检验的设备范围包括：路侧单元、OBU、OBU 初始化设备、IC 卡及 IC 卡读写器等。联网区域内使用的 ETC 关键设备须通过具备相关检测资质的第三方检测机构的型式检验，取得相应的型式检验报告。

此部分检测由设备生产厂家或者各省市 ETC 系统建设和管理单位委托，由具备相关检测资质的第三方检测机构进行。

6.0.3 各省中心应严格控制关键设备质量，并组织对到货的关键设备进行抽样检验。

ETC 关键设备包括路侧单元、OBU、OBU 初始化设备、IC 卡及 IC 卡读写器等，各省市应建立一套 ETC 关键设备的到货抽检的管理制度和测试方法，对设备的关键指标进行检测，以确保设备可用。

此项测试由各省市自行组织，也可以委托第三方检测机构进行。具体测试内容及测试要求如下：

（1）路侧单元

抽样比例。应对每一批量的产品，从出厂检验合格的产品中按照 30% 的比例随机抽取，抽样数量不少于 2 台（套）。

报告及版本核对，设备型式检验报告在有效期内，设备应与通过型式检验的一致，对于已经联网区域设备供货软硬件版本应与通过全国联网测试的保持一致；对于未联网区域设备供货软硬件版本应与通过各省（自治区、直辖市）入网测试通过的保持一致。

测试项目至少包括：与所有本省（自治区、直辖市）已使用的标签和 IC 卡组合互通、关键物理指标测试、外场通信区域测试等。

（2）车载单元

抽样比例。应对每一批量的产品，从出厂检验合格的产品中按照 0.5% 的比例随机抽取，抽样数量不少于 5 台（套）。

报告及版本核对，设备型式检验报告在有效期内，设备应与通过型式检验的一致，对于已经联网区域设备供货软硬件版本应与通过全国联网测试的保持一致；对于未联网区域设备供货软硬件版本应与通过各省（自治区、直辖市）入网测试的保持一致。

测试项目应包括：与所有本省（自治区、直辖市）已使用 IC 卡、天线及发行设备互通、关键物理指标测试、外场通信区域测试等。

（3）OBU 初始化设备

抽样比例。应对每一批量的产品，从出厂检验合格的产品中按照 30% 的比例随机抽取，抽样数量不少于 2 台（套）。

报告及版本核对，设备型式检验报告在有效期内，设备外观应与通过型式检验的一致，设备供货软硬件版本应与通过各省（自治区、直辖市）入网测试的保持一致。

测试项目应包括：与所有本省（自治区、直辖市）已使用 OBU 互通、关键物理指标测试等。

（4）IC 卡

抽样比例。应对每一批量的产品，从出厂检验合格的产品中随机抽机 10 片。

报告及版本核对，设备型式检验报告在有效期内，设备外观应与通过型式检验的一致，对于已经联网区域设备供货软硬件版本应与通过全国联网测试的保持一致；对于未联网区域设备供货软硬件版本应与通过各省（自治区、直辖市）入网测试的保持一致。

测试项目应包括：与所有本省（自治区、直辖市）已使用 OBU、IC 卡读写器互通、卡片结构和基本指令测试等，测试可以参考全国联网测试方案进行。

(5) IC 卡读写器

抽样比例。应对每一批量的产品，从出厂检验合格的产品中按照如下比例随机抽取：

①总量在 300 台以下的，抽样比例为 5%，抽样数量应不少于 10 台；

②总量在 300 台以上（含 300 台）1 000 台以下的，抽样比例为 2%，抽样数量应不少于 15 台；

③总量在 1 000 台以上（含 1 000 台）的，抽样比例为 1%，抽样数量应不少于 20 台。

报告及版本核对，设备型式检验报告在有效期内，设备外观应与通过型式检验的一致，对于已经联网区域设备供货软硬件版本应与通过全国联网测试的保持一致；对于未联网区域设备供货软硬件版本应与通过各省（自治区、直辖市）入网测试的保持一致。

测试项目应包括：与所有本省（自治区、直辖市）已使用 IC 卡互通，测试可以参考全国联网测试方案进行。

6.0.4 ETC 系统在开通运行前，应通过由具备相关检测资质的第三方检测机构依据现行《公路工程质量检验评定标准 第二册 机电工程》(JTG F80/2) 所做的工程质量检验。

对于各省（自治区、直辖市）新建设的 ETC 系统，在开通运行前，应进行此项检测，测试范围应按照《公路工程质量检验评定标准 第二册 机电工程》(JTG F80/2) 要求进行。

此部分检测由各省市 ETC 系统建设和管理单位委托，由具备相关检测资质的第三方检测机构进行。

6.0.5 省级联网收费系统接入全国联网系统前，或联网省份内联网收费系统进行升级改造会影响到全国联网运营时，应通过国家中心组织的入网测试。

对于新接入全国联网系统的省（自治区、直辖市），应对车道系统、省级中心系统、路侧单元、车载单元、IC 卡及 IC 卡读写器进行检测，具体检测由国家中心统一组织，按照交办公路〔2014〕112 号《全国高速公路电子不停车收费联网联合测试方案》实施。

6.0.6 省中心应定期组织开展 ETC 系统运行检测,对联网区域内运行的 ETC 系统及关键设备进行检测和评价。

省中心应定期对已经投入运行的关键设备和系统进行检测,保证设备指标正常,确保系统稳定运行。

对于已经建设 ETC 系统的省市除了按照国家中心要求,配合进行省(自治区、直辖市)界收费站监测评价之外,还需要对省(自治区、直辖市)域内的 ETC 系统的运行情况进行监测。

(1)省(自治区、直辖市)界收费站运行监测

各省(自治区、直辖市)界站 ETC 车道应具备相应功能,按照《全国高速公路电子不停车收费联网省(自治区、直辖市)界收费站监测评价系统参与方间接口设计》的相应要求,在车道端提取供监测评价系统使用的数据字段,随车道交易一并传至省中心。

国家中心通过系统各功能模块,对省(自治区、直辖市)界站 ETC 车道系统运行数据进行分析,了解跨省(自治区、直辖市)ETC 车辆的通行状况。监测评价的范围覆盖自建、共建形式省(自治区、直辖市)收费站 ETC 入口及出口车道。

(2)省(自治区、直辖市)域内的 ETC 系统的运行监测

至少包括定期交易数据跟踪统计、定期重点站点巡检以及问题站点现场排查三种形式。

定期(至少每月一次)交易数据跟踪统计要对省(自治区、直辖市)域内所有 ETC 车道交易情况进行统计、设备运行情况进行监控,及时发现设备或者车道问题。

定期(至少每半年一次)对重点站点(包括主线站和流量较大站点)进行现场巡检,检查天线等车道设备以及车道软件运行情况,对于问题设备及时进行整改。

通过定期交易数据统计跟踪,对于发现的问题站点进行有针对性的现场排查,通过现场设备检测、维护等方式排查和整改车道问题。

7 指标参数

7.0.1 省中心应统计本省（自治区、直辖市）指标参数，并定期上报国家中心。指标参数应包括但不限于下列信息：

1 基础设施指标；
2 用户发展指标；
3 运营指标。

省中心应统计本省（自治区、直辖市）指标参数，并定期上报国家中心。指标参数主要包括：基础设施指标、用户发展指标、运营指标三类。

7.0.2 基础设施指标应包括但不限于下列信息：

1 收费站信息；
2 服务网点信息；
3 路侧单元信息。

（1）基础设施指标中的收费站信息包括：

①收费站名称：在收费广场标识的收费站全名；

②收费站位置：收费站所在路段国家高速路线和编号；

③收费站车道数量、ETC车道数量：应区分出口车道和入口车道进行统计。

（2）基础设施指标中的服务网点信息包括：

①服务网点名称：对外公布的唯一官方全名；

②服务网点位置：设立在公路上的服务网点的国家高速公路网路线及编号等信息；未设立在公路上的服务网点的所属市（县）、道路名称、门牌号码等信息；

③服务网点种类：分为自营服务网点、代理服务网点等；

④网点服务内容：可对用户提供服务的具体内容。

（3）基础设施指标中的路侧单元信息包括：

①路侧单元位置：路侧单元所在的国家高速公路网路线编号和桩号；

②路侧单元用途：按用途进行区分，包含但不限于 ETC、路径识别、信息采集、信息发布等。

（1）收费站信息

收费站基础信息主要包括收费站名称、位置等，统计表如表 7-1 所示。

表 7-1 收费站基础信息统计示例

_____省（自治区、直辖市）收费站基础信息统计表

填表日期： 年 月 日

序号	收费公路编号	收费公路名称	收费站名称	收费站类型	收费广场名称	MTC 车道数		ETC 车道数		混合车道数
						入口	出口	入口	出口	
1										
2										
3										
4										
5										
6										
7										
8										
9										
10										
11										
12										
13										
14										
……										

①收费站名称应以实际收费站顶端展示的汉字为准。图 7-1 所示为收费站名称为盐城南收费站。

②收费公路编号是指收费站所在路段收费公路编号，例如：G1、G35、S18 等。

③收费公路名称是指收费站所在路段收费公路名称，例如：京哈高速、大广高速等。

7 指标参数

图 7-1　收费站名称示例

④收费站类型是指该收费站属于主线站或匝道站。

⑤收费站车道数量、ETC 车道数量：应区分出口车道和入口车道进行统计。如某一收费站有不止一个收费广场，则应以收费广场为单位对 MTC 车道、ETC 车道和混合车道进行统计。如图 7-2，江阴北收费站车道数量为 3 入口车道、5 出口车道，其中 ETC 车道数量为 1 入口车道、1 出口车道，MTC 车道数量为 2 入口车道、4 出口车道。

图 7-2　收费车道示例

（2）服务网点信息

服务网点信息包括网点名称、网点位置、地址等信息，统计表见表 7-2。

表 7-2 服务网点信息统计示例

_____省（自治区、直辖市）服务网点信息统计表

填表日期：　　年　　月　　日

序号	位　　置			名称	类型	电话	服务内容
	所属市	所属县（区）	所在高速公路编号或地址				
1							
2							
3							
4							
5							
6							
7							
8							
9							
10							
……							

①服务网点名称是指该服务网点对外公布的唯一官方全名。

②服务网点位置是指设立在公路上的服务网点的国家高速公路网路线及编号等信息；未设立在公路上的服务网点的所属市（县）、道路名称、门牌号码等信息。

③服务网点种类分为自营服务网点、代理服务网点等。

④网点服务内容是指可对用户提供服务的具体内容。例如：充值、新办、变更、挂失、安装等。

（3）服务终端信息

服务终端信息包括终端种类、数量、服务内容等，统计表见表 7-3。

7 指标参数

表 7-3 服务终端信息统计示例

_____省（自治区、直辖市）服务终端信息统计表

填表日期： 年 月 日

序　号	终 端 类 型	数　　量	服 务 内 容
1			
2			
3			
4			
5			
6			
7			
8			
9			
10			
……			

①服务终端类型是指该服务终端设置机构或服务机构，例如：XX银行ATM机、XX加油站自助服务终端等。

②服务终端服务内容是指可对用户提供服务的具体内容，例如：自助充值、圈存、打印发票等。

（4）路侧单元信息

路侧单元信息主要包括收费站名称、位置等，统计表见表 7-4。

表 7-4 路侧单元信息统计示例

_____省（自治区、直辖市）路侧单元信息统计表

填表日期： 年 月 日

序　号	路侧单元位置		用　途
	高速公路编号	桩号	
1			
2			
3			
4			
5			
6			
7			

续上表

序　号	路侧单元位置		用　途
	高速公路编号	桩号	
8			
9			
10			
……			

①路侧单元位置是指路侧单元所在的高速公路编号和桩号。

②路侧单元用途，按用途进行区分，包含但不限于ETC、路径识别、信息采集、信息发布等。

7.0.3 用户发展指标宜分车型统计，应包括但不限于下列信息：

1　非现金支付卡用户数量；

2　ETC用户数量。

用户发展指标宜按照3.0.2规定的收费车型分类标准进行分类统计，用户发展指标包括：

（1）非现金支付卡用户数量：已办理本省（自治区、直辖市）非现金支付卡的车辆数量；

（2）ETC用户数量：已办理本省（自治区、直辖市）OBU的用户数量；

用户发展指标主要包括非现金支付卡数量、OBU用户数量等，统计表见表7-5。

表7-5　用户发展信息统计示例

＿＿＿＿＿＿省（自治区、直辖市）用户发展信息统计表

填表日期：　　年　　月　　日

统计项目	车　型						
	客一	客二	客三	客四	客五	客车小计	货车
OBU与非现金卡成套发行数量（套）							
单独发行非现金支付卡数量（张）							
合计							

7 指标参数

7.0.4 运营指标应包括但不限于下列信息:

1 ETC车道交易成功率;
2 非现金交易笔数及占比;
3 非现金交易金额及占比;
4 ETC交易笔数及占比;
5 ETC交易金额及占比;
6 省(自治区、直辖市)界站主要运营信息。

(1) ETC车道交易成功率。ETC用户一次交易成功通过ETC车道的次数占ETC车道交易总数的比例。

ETC车道交易成功率＝ETC车道一次通行成功交易量/该车道交易量×100%。

(2) ETC车道逻辑交易成功率:ETC用户一次交易成功通过ETC车道的次数和业务逻辑异常交易量的总和占总交易量的百分比。

ETC车道逻辑交易成功率＝(ETC车道一次通行成功交易量＋该车道业务逻辑异常交易量)/该车道交易量×100%。

逻辑异常类型定义详见表7-6。

表7-6 逻辑异常类型定义表

取值	说 明	取值	说 明
1	余额不足	12	无入口信息
2	防拆失效	13	标签无卡
4	OBU禁用	14	非现金支付卡发行方无效
5	非现金支付卡禁用	15	OBU发行方无效
6	OBU有效期过期	16	查询不到费率
7	非现金支付卡有效期过期	18	非现金支付卡挂失
8	OBU尚未启用	19	OBU挂失
9	非现金支付卡尚未启用	20	邻道干扰
10	从进入路网到离开路网超时	21	非现金支付卡与OBU发行方不一致
11	闯关	99	其他

ETC车道交易成功率是评价车道天线工作性能的重要指标,因存在用户透支、挂失、禁用等原因造成车辆在ETC车道无法正常通行,补充ETC车道逻辑

交易成功率指标，两项指标结合用于评价 ETC 车道服务能力。

（3）总交易笔数（现金＋非现金）。总交易笔数是指省（自治区、直辖市）公路收费站在某一时间段内全部交易次数，包括现金交易和非现金交易笔数之和。

（4）非现金交易笔数、非现金交易占比。非现金交易笔数是指公路收费站收缴的使用非现金支付卡支付通行费的次数。非现金交易笔数占比是指非现金交易笔数占公路收费站收缴通行费笔数的比例。

（5）ETC 交易笔数（出口）、ETC 交易笔数占比。ETC 交易笔数是指 ETC 用户通过公路收费站 ETC 出口车道成功交易的次数。ETC 交易金额占比是指 ETC 交易金额占公路收费站收缴通行费金额的比例。

（6）总交易金额（现金＋非现金）。总交易金额是指省（自治区、直辖市）公路收费站在某一时间段内全部交易金额，包括现金交易和非现金交易金额之和。

（7）非现金交易金额、非现金交易金额占比。非现金交易金额是指公路收费站收缴的使用非现金支付卡支付通行费的金额。非现金交易金额占比是指非现金交易金额占公路收费站收取通行费金额的比例。

（8）ETC 交易金额、ETC 交易金额占比。ETC 交易金额是指通过公路收费站 ETC 出口车道收缴通行费的金额。ETC 交易金额占比是指 ETC 交易金额占公路收费站收缴通行费金额的比例。

上述指标每月统计一次，统计表见表 7-7。

表 7-7　ETC 使用率统计示例

_____省（自治区、直辖市）_____年_____月 ETC 使用率统计表

填表日期：　　年　　月　　日

统 计 项 目	数量或比例			
	笔数	笔数占比	金额（万元）	金额占比
总交易（现金＋非现金）				
非现金交易				
ETC 交易（出口）				

(9)省(自治区、直辖市)界站主要运营信息:车道周期流量、交易成功率、车道异常信息分类统计、黑名单接收周期、车道服务时间等。

①车道周期流量是指被监测 ETC 车道在一个统计周期中的交通流量,包括正常通行和非正常通行流量。

②黑名单接收周期是指被监测车道中黑名单接收并更新的时间距黑名单产生时间之间的差值。

③车道服务时间是指在一个统计周期中,车道开启并提供服务的时间。

(10)清分确认及时率:清分确认是指省中心在系统完成清分后对清分结果进行的确认。清分确认及时率是指统计周期内各省中心在规定时间内对清分结果进行的确认次数占应确认清分结果总次数的百分比。

清分确认及时率=省中心在规定时间内对清分结果进行的确认次数/应确认清分结果总次数×100%。

(11)争议处理完成率:争议交易双方在规定时间内处理完成的争议交易数量占争议交易总数的百分比。在规定时间内未达成一致意见提交国家中心的争议交易不计入处理完成的数量。

发行方完成率=省(自治区、直辖市)作为争议交易发行方且经争议交易双方在规定时间内处理完成的争议交易数量/省(自治区、直辖市)作为争议交易发行方所涉及的争议交易总数×100%。

服务方完成率=省(自治区、直辖市)作为争议交易服务方且经争议交易双方在规定时间内处理完成的争议交易数量/省(自治区、市)作为争议交易服务方所涉及的争议交易总数×100%。

(12)退款处理完成率:省(自治区、直辖市)在规定时间内处理完成的退款交易数量占退款交易总数的百分比。在规定时间内未达成一致意见提交国家中心的退款交易不计入处理完成的数量。

发行方完成率=省(自治区、直辖市)作为退款交易发行方在规定时间内处理完成的退款交易数量/省(自治区、直辖市)作为退款交易发行方所涉及的退款交易总数×100%。

服务方完成率=省(自治区、直辖市)作为退款交易服务方在规定时间内处理完成的退款交易数量/省（自治区、直辖市）作为退款交易服务方所涉及的退款交易总数×100%。

（13）结算资金到位及时率：统计周期内省（自治区、直辖市）在规定时间内结算资金到位的次数占应付结算资金次数的百分比。结算资金未足额到位不计入结算资金及时到位次数。

结算资金到位及时率=省（自治区、直辖市）在规定时间内结算资金到位的次数/应付结算资金次数×100%。

（14）跨省投诉响应及时率：跨省投诉是指投诉受理方与被投诉方属不同省（自治区、直辖市）的投诉。投诉响应是指被投诉方在接到投诉后将投诉处理进度、预计处理时间等信息回复投诉受理方。跨省投诉响应及时率是指被投诉方省中心在规定时间内对投诉响应的案次占被投诉方接到投诉总案次百分比。

跨省投诉响应及时率=被投诉方省中心在规定时间内对投诉响应的案次/被投诉案次总数×100%。

（15）跨省投诉处理及时率：省中心作为投诉受理方及被投诉方在规定时间内完成投诉处理的案次之和占省中心受理及被投诉总案次百分比。

跨省投诉处理及时率=（省中心作为投诉受理方在规定时间内完成投诉处理的案次+省中心作为被投诉方在规定时间内完成投诉处理的案次）/省中心受理及被投诉案次总数×100%。

（16）跨省投诉反馈及时率：投诉受理方在规定时间内反馈和回复用户投诉处理进度及结果的案次占受理投诉总案次百分比。

跨省投诉反馈及时率=投诉受理方在规定时间内反馈用户投诉处理进度及结果的案次/受理的投诉事件案次总数×100%。

（17）跨省投诉一次结案率：外省用户在使用被投诉方电子收费系统所提供的服务时产生投诉，由被投诉方出具投诉处理意见后用户认可，该投诉一次结案，无须再次处理的投诉占被投诉方跨省投诉的百分比。

跨省投诉一次结案率=一次结案的跨省投诉/被投诉方跨省投诉案次总数×100%。

（18）跨省服务质量事故率：跨省服务质量事故是指外省用户在使用非现金

支付卡、OBU 或使用联网范围内的电子收费系统所提供的服务时，经查实的由本省（自治区、直辖市）责任而造成的各类投诉和事故。

跨省服务质量事故率＝跨省服务质量事故次数（明确责任的一般跨省投诉记 1 次，明确责任的经国家中心协调处理的跨省投诉记 2 次，被媒体报道的或经人大、政协、信访等其他部门督办的跨省投诉记 5 次，责任不清的记 0.5 次）/省（自治区、直辖市）非现金交易笔数×100%。

（19）用户回访满意度：在国家中心组织进行的用户满意度回访中用户对跨省投诉处理满意的案次占被投诉方省中心涉及回访总案次百分比。

用户回访满意度＝用户对跨省投诉处理满意的案次/被投诉方省中心涉及回访总案次×100%。

（20）用户服务满意度：在国家中心组织进行的用户满意度调查中，受访用户对所在省（自治区、直辖市）发行方提供服务表示满意的人次数占省（自治区、直辖市）受访用户总数百分比。

用户服务满意度＝用户对所在省（自治区、直辖市）发行方提供服务表示满意的人次数/省（自治区、直辖市）受访用户次数×100%。

7.0.5 国家中心应汇总相关统计数据，并在联网省份内发布。

国家中心应汇总国家中心上传的指标参数，并根据需要共享相关指标参数信息给国家中心。

基础设施指标、用户发展指标、运营指标中 1 至 8 项指标按月统计，各省（自治区、直辖市）于每月第 5 个工作日前填报。运营指标中 9 至 20 项由国家中心定期组织填报统计。各省（自治区、直辖市）每年对国家中心开展的各项工作进行满意度评价。

国家中心应汇总相关统计数据，并在联网省份内发布。国家中心应汇总国家中心上传的指标参数，并根据需要共享相关指标参数信息给国家中心。

8 车道服务

8.0.1 ETC车道宜设置在收费站行车方向左侧。

ETC车道的设置位置需考虑尽量减少进入收费广场的ETC车辆与一般车辆交叉并线的影响,原则上宜设置在收费站行车方向左侧,即内侧车道。

根据我国道路车道设置规则,小型客车一般行驶在道路左侧车道,大型客车或货车在行驶在道路中间或右侧车道,当车辆进入收费站时,为了避免ETC车辆(多为小型客车)与大型客车或货车交叉并线行驶,收费站的ETC车道优先选择设置在行车方向的最左侧车道。ETC车道设置位置如图8-1所示。

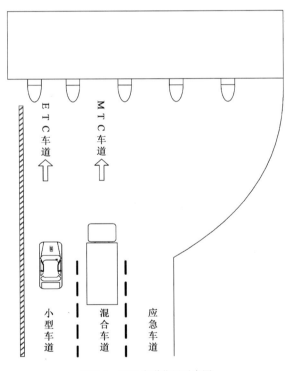

图8-1 ETC车道位置示意图

8.0.2 ETC车道宜采用自动栏杆岛内布局模式。

自动栏杆岛内布局模式的主要特征包括：

（1）自动栏杆设置在收费岛的后端，处于常闭状态。

（2）无线通信区域设置在收费岛的前端。

（3）自动栏杆距通信区域的距离较远，两者之间会形成队列。

ETC车道自动栏杆的布局方式主要分为三种，即岛头布局模式、岛内布局模式（也称岛尾模式）、长岛头布局模式，其中长岛头布局模式非主流布局。

（1）岛头布局模式

相对于MTC车道，岛头模式的ETC车道收费岛需要延长，超出MTC车道一段距离，用于安装ETC设备，其中，自动栏杆的安装位置与MTC车道的岛头平齐。这种布局模式的好处是，当ETC车辆交易失败或误闯车辆无法交易时，车辆可自行转入旁边的MTC车道通行，避免ETC车道出现拥堵。但由于栏杆距交易区较近，车辆在完成交易后会制动减速，导致车辆通行ETC车道的速度降低。如图8-2所示。

（2）岛内布局模式

岛内布局模式的ETC车道中，自动栏杆安装在收费岛尾部，距ETC交易区较远，ETC车辆在完成交易后，不会制动减速，因此，车辆可以较高速度通行。虽然岛内布局模式下，车辆通行速度较高，但由于栏杆安装在收费岛尾部，误闯车辆无法自行转入MTC车道。误闯车辆行驶到栏杆前无法通行时，若要转入MTC车道通行，则需人工疏导转入MTC车道通行，在误闯车辆疏导过程中容易造成ETC车道拥堵。如图8-3所示。

相对于岛头模式，岛内布局模式的ETC车道可使车辆保持较高速度通行，随着ETC的应用越来越广泛，误闯ETC车道的车辆会越来越少，因此，为了提高通行效率，新建或改扩建ETC车道优先采用自动栏杆岛内布局模式。

8.0.3 ETC车道应7d×24h不间断运行，车道系统发生故障时，应及时修复。

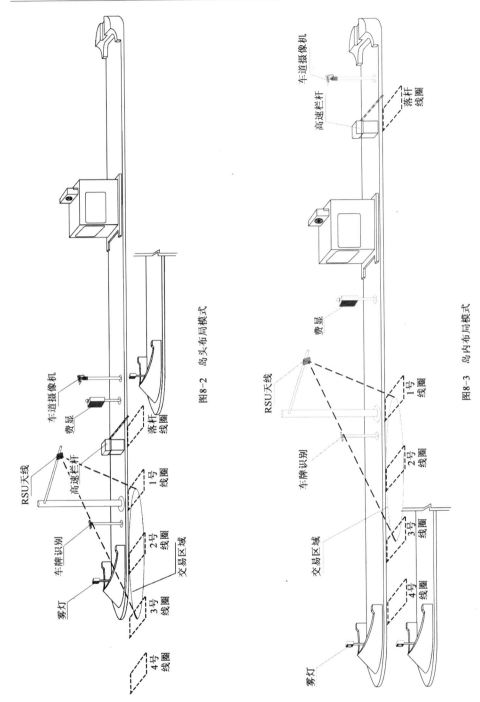

图8-2 岛头布局模式

图8-3 岛内布局模式

8 车道服务

一般的，ETC车道故障分为严重、一般两个等级。

严重故障是指ETC车道无法工作，以致ETC车辆无法通行的故障，如RSU故障、系统崩溃、栏杆机故障、线圈故障等。

一般故障是指ETC车道通行效率降低，但不影响ETC车辆正常通行的故障，如费显故障、语音报价故障、车牌识别故障等。

ETC车道应7×24h不间断运行，ETC车道系统发生严重故障（影响ETC车道系统通行）时，应在4h内响应、24h内修复；其他一般性故障应在48h内修复。

8.0.4 当车辆在ETC车道无法正常通行时，应及时通过人工干预的方式处理。

当出现车辆在ETC车道无法通行时，处理人员首先应判断该车是否安装OBU。若未安装，则判定车辆为误闯车辆，需要引导使其转入MTC车道通行；若已安装，但未能成功交易的车辆，处理人员需查明交易失败的原因，然后进行相应处理，尽快使其完成交易并通行，若仍然无法完成交易，则需引导使其转入MTC车道通行。

8.0.5 ETC车道交易时，应提示用户车牌号码、当次支付金额等信息；非现金支付卡在人工收费车道交易时，收费车道应提示用户当次支付金额等信息。

ETC系统在成功交易后，费额显示器应显示当前交易成功的车辆车牌信息、交易金额等。

若车辆没有安装OBU，但已办理非现金支付卡，则可以在MTC车道通行，MTC系统在使用车辆的非现金支付卡进行非现金支付后，费额显示器要显示扣款金额，若交易使用的非现金支付卡为储值卡，系统还需显示储值卡交易后的余额。

8.0.6 ETC车道交易时，应查验OBU有效期和拆卸状态、非现金支付卡有效期、OBU和非现金支付卡发行属地、OBU和非现金支付卡车牌号码一致性、黑名单信息，查验不通过时，严禁交易。

ETC出/入口车道应包含OBU有效性、用户卡有效性、OBU和用户卡发行属地一致性判定、车卡绑定以及黑名单查询等5项基本判定流程，其中任意一项不符合，ETC车道不应自动放行，转入人工干预处理。为便于说明，见图8-4和图8-5。

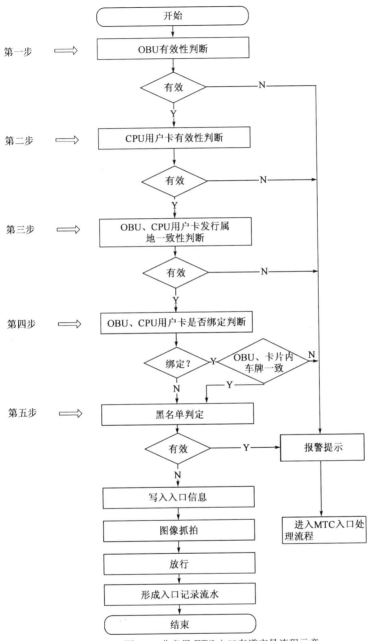

图 8-4 非省界 ETC 入口车道交易流程示意

注：①本处理流程仅供参考，其中逻辑判定先后顺序可根据实际情况调整。
②第一至五步的判定逻辑执行成功后才允许放行。

8 车道服务

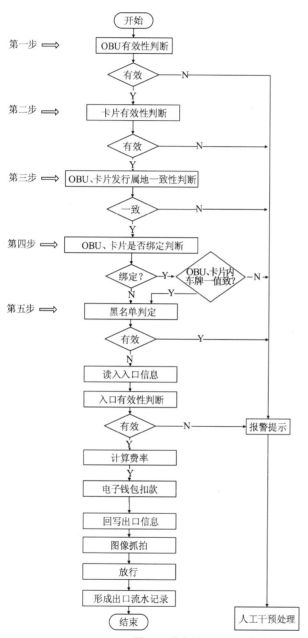

图 8-5 非省界 ETC 出口车道流程示意

注：①本处理流程仅供参考，其中逻辑判定先后顺序可根据实际情况调整。

②第一至五步的判定逻辑执行成功后才允许放行。

关键步骤说明：

第一步：OBU 有效性判定

读取 OBU 信息，判断 OBU 是否有效。读取的数据包括：OBU 发行属地、OBU 合同序列号、OBU 有效起止时间、车型及 OBU 拆卸标识位等。OBU 有效性判定包括拆卸状态判定以及有效期判定，如图 8-6 所示。

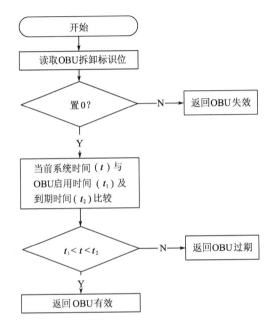

图 8-6　OBU 有效性判定

第二步：用户卡有效性判定

读取用户卡信息，判定卡片是否有效。读取数据包括：卡片发行属地、卡片网络编号、卡片内部编号、卡片类型、有效起止时间等。用户卡有效性判定主要包括有效期判定，如图 8-7 所示。

第三步：OBU、用户卡发行属地判定

判断 OBU "发行方标识"和卡片中的"发卡方标识"前 4 个字节，判断 OBU、用户卡发行属地是否一致，以及是否为联网区域内省（自治区、直辖市）用户，如图 8-8 所示。

第四步：OBU、用户卡绑定判断

8 车道服务

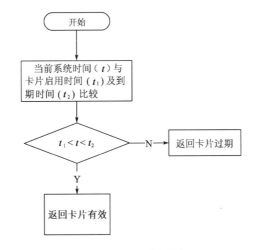

图 8-7 卡片有效性判定

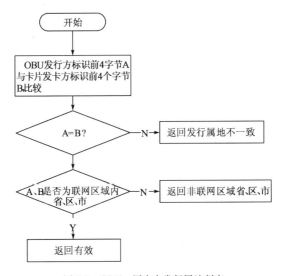

图 8-8 OBU、用户卡发行属地判定

首先读取用户卡 0015 文件中的"车牌号码"字段是否为空，如为空，判定为非绑定用户，车道不再进行 OBU、用户卡的绑定判断；如已写入车牌号码，则读取 OBU 车辆信息文件中的车牌号码与用户卡 0015 文件中的车牌号码进行比对，一致返回绑定有效，不一致则返回绑定错误。如图 8-9 所示。

第五步：黑名单判定

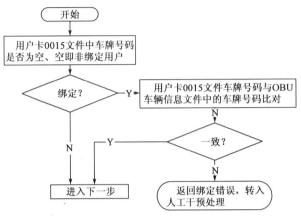

图 8-9 OBU、卡片绑定判定

通过 OBU 编号、卡片网络编号和卡片内部编号判定该用户卡是否在黑名单，如图 8-10 所示。

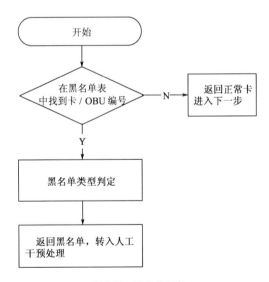

图 8-10 黑名单判定

8.0.7 人工收费车道使用非现金支付卡交易时，应查验非现金支付卡有效期、非现金支付卡发行属地、车辆悬挂车牌号码和非现金支付卡车牌号码一致性、黑名单信息，查验不通过时，严禁交易。

MTC 入口车道分为有收费员值守的一般 MTC 入口车道和自动发（刷）卡

入口车道。若用户卡兼做通行券功能写入入口信息时,MTC入口车道系统应至少包含卡片有效性、卡片发行属地及黑名单等3项基本判定流程,其中卡片有效性判定同图8-7,卡片发行属地判定主要是判断卡片发行属地是否是联网区域省(区、市),黑名单判定同图8-8。任意一项不符合,应拒绝使用用户卡,按照现金用户流程处理。

MTC出口车道应包含用户卡有效性、用户卡发行属地判定、车卡绑定以及黑名单查询等4项基本判定流程,其中车卡绑定判定流程如图8-11所示。任意一项不符合,按照特情处理。

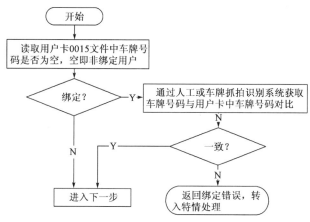

图 8-11 MTC车道车卡绑定判定流程示意

8.0.8 非现金支付卡出现余额不足或被列入黑名单时,应采用现金或其他支付方式全额支付。

在ETC车道,若判定卡片余额不足或在黑名单中,则禁止交易,车辆只能转入MTC车道通行。

在MTC车道,若判定预付卡余额不足,则支付方式转为现金支付,且必须全额现金支付,不允许一半由预付卡扣款支付,一半付现金;非现金支付卡在黑名单中时,支付方式也转为现金全额支付。

9 用户服务

9.1 一般规定

9.1.1 发行方应在省（自治区、直辖市）内向用户提供统一规范的用户服务。

统一规范的用户服务包括统一的服务形象、统一的服务用语、统一的服务流程等。

发行方在本省（自治区、直辖市）范围内所提供的服务内容、服务流程、服务标准、服务礼仪、服务用语及着装等应统一。

统一的服务形象是指：发行网点的装修风格、门头、张贴悬挂、工作人员的着装、仪容仪表等服务形象基本统一。对于银行合作代理网点等，可结合具体银行情况，尽量保证同一家银行合作代理网点形象统一。发行方销售的非现金支付卡及ETC设备应具备统一的印刷样式和全国统一的形象标识。发行方发布的广告、宣传用品应有全国统一的形象标识；从业人员应配备统一的工作服装。

统一的服务用语是指：发行网点工作人员的服务用语应有规范统一的运用标准，对用户使用文明用语，使用尊称、对非现金支付卡等专用名词使用统一的称谓。

统一的服务流程是指：发行方各网点向用户提供的服务遵循统一的标准和流程，包括各类型业务所需提供的业务办理证件和资料、各业务办理的操作流程、自助服务平台操作流程统一。发行方可编写服务手册等文件予以规范。

发行方应制定服务手册，明确各项业务的服务流程和标准。服务手册应包括以下内容：

9 用户服务

（1）文明服务（包括着装、仪容仪表、文明用语、标准的服务动作等）。

（2）操作规范（包括办理手续、办理流程、操作流程等）。发行方还应组织相应培训，使服务手册内容得到落实，保证服务的统一性和规范性。

发行方应在营业厅、客服网站公示各项业务的办理流程（包括办理手续、办理时限和费用等）。自助服务平台应在显著位置公示自助服务流程及业务范围。

9.1.2 因用户信用问题造成的通行费差错，应由发行方负责处理。

如发行方记账卡透支消费后保证金无法充分支付路方通行费用，应由非现金支付卡发行方协调用户补充支付差额通行费用。

因用户信用问题（用户故意提供虚假行驶证等情况）造成故意偷逃费或欠费，由发行方负责处理。

9.1.3 因发行方操作失误造成的损失，应由发行方负责。

如发行方未按车辆实际车牌和座位数等信息发行，造成漏缴、少缴通行费等情况，应由发行方负责追索损失并修正错误。如涉及逃费，发行方应负责补充支付差额通行费用。

如因发行方未正确安装电子标签，造成用户无法在车道正常使用等情况，应由发行方负责处理解决相关问题。

9.1.4 因收费公路经营管理单位原因造成的通行费差错，应由收费公路经营管理单位负责处理。

如收费公路经营管理单位收费站多收、错收、重复收取了通行费用，收费公路经营管理单位应根据有关规定，按流程及时为用户处理。

因车道原因多收用户通行费，应由收费公路经营管理单位退还多收款项。发行方予以配合，协调处理。

9.1.5 省中心应明确告知用户投诉渠道。用户投诉应实行"首问负责制"和"发行方负责制"的原则，相关参与方协助处理。

第一时间接受用户投诉者，应先受理、后处理，尽可能地减少中间环节，注重时效；同时遵循谁的用户谁负责的原则。与用户投诉内容相关的部门应主动承担和处理投诉，不推诿、不扯皮，依据有关政策和规章制度，坚持实事求是，公平合理，最大限度满足用户的正当需求。

各省（自治区、直辖市）应通过呼叫中心、营业网点、客服网站等渠道受理用户投诉，投诉受理渠道应向社会公示并报国家中心备案。

跨省投诉原则上由发行方受理，其他参与方接到用户投诉时，应主动告知用户投诉渠道。

具体工作要求如下：

（1）用户满意要求

处理投诉要以提高用户的满意度为目的，恢复投诉人对产品的信赖感，为收费公路电子不停车收费树立优秀的形象。

（2）责任到位要求

处理投诉要明确责任，包括但不限于退款、退换产品及用户投诉问题的解决。

（3）落实整改要求

投诉原因必须分析到位，责任单位应根据投诉的原因提出改进建议，并组织、监督、落实整改，避免问题得再次发生。

（4）沟通交流要求

与投诉人进行口头交流时，应耐心、详细听取用户的投诉，以积极的态度响应投诉人的要求，有理、有利、有节的解释有关规定和处理意见，严禁指责投诉人。

9.1.6 发行方应向用户提供业务咨询、开户、销户、充值、挂失、解挂、OBU发行与安装、账单查询、用户信息变更、维护维修等服务。

发行方应设置固定的营业场地提供相应的对外服务窗口及对外服务电话，同时配备具备相关职业能力的员工对外服务。

业务受理范围及受理条件如下：

（1）业务咨询受理范围：与电子不停车收费相关的所有问题，如业务办理流程、不停车收费扣款相关问题（不含现金收费问题）、相关优惠活动咨询（含银行等其他发卡机构优惠活动）等。

(2) 开户受理条件：满足相关开户条件的用户，须具备办理证件及资料真实齐全、接受办理服务协议条款等。

(3) 销户受理条件：对本发行方非现金支付卡销户且满足相关销户条件的用户，须具备办理证件及资料真实齐全、卡内余额处理方式明确、接受办理服务协议条款等。

(4) 充值受理条件：卡状态正常的用户，卡状态异常包括：挂失、无卡注销、禁用等。

(5) 挂失、解挂受理条件：对本发行方非现金支付卡挂失、解挂且满足相关挂失、解挂条件的用户，须具备办理证件及资料真实齐全、接受相关服务协议条款（如挂失、解挂生效周期、挂失后补卡周期）等。

(6) OBU发行与安装受理条件：未安装任何发行方ETC设备且满足相关安装条件的用户，须具备办理证件及资料真实齐全，接受相关服务协议条款（不私自拆卸改装标签、电子标签质保及人为损坏界定依据）等；如待安装车辆车牌及座位数信息与OBU信息一致、待安装车辆前风窗玻璃安装位置具备适合ETC设备通信的微波收发条件、车辆类型符合安装条件等。

(7) 账单查询受理条件：持有发行方非现金支付卡且未注销；发行方可提供一定时间段内的账单查询服务。账单查询功能可通过营业网点、自助服务终端、对外服务网站或其他方式（如APP、微信等）实现。

(8) 用户信息变更受理条件：对本发行方非现金支付卡和ETC设备信息变更且满足相关信息变更条件的用户，须具备办理证件及资料真实齐全、非现金支付卡及ETC设备保持完好、接受办理服务协议条款等。

发行方应提供资料变更服务。在提供资料变更服务时，应通过核对用户密码或核对有效身份证件（单位用户还需提供单位介绍信）等方式验证用户的身份。发行方应提供非现金支付卡、OBU的车辆信息变更服务，在提供车辆信息变更服务时，应核对用户的有效身份证件验证用户身份，核对需更新的机动车行驶证原件确保信息变更的合法性，并同时更新车卡绑定对应的非现金支付卡内标识的车牌信息，还需对车型进行重新核对。

用户通过呼叫中心或服务网站自助变更用户信息的，用户应对其录入信息的准确性负责，而发行方亦应提供用户核对及即时修正输入错误的服务，以避免因为资料录入错误造成用户使用不便。发行方提供网站自助服务时，可与用户签订网站自助服务协议。

对用户信息的管理分为两类：一是基础资料类，如用户名称、证件号码等，一旦变更，相当于过户。为防止因用户密码管理不当，被人通过密码恶变更用户主体，进而获取卡内资金，此类资料不建议通过密码修改，呼叫中心和网站也不可受理此类业务。二是非基础资料类，不涉及用户主体变更的资料，可以通过密码，在营业网点、网站或热线电话修改。

（9）维护维修受理条件：对本发行方非现金支付卡和ETC设备维护维修且满足相关维护维修条件的用户。

9.1.7 发行方宜在联网区域内向用户提供异地充值服务。

考虑到异地充值服务开通成本等因素，发行方可通过对所属用户提供网上充值、手机充值等服务实现。

9.1.8 发行方可向用户提供在公路服务区、停车场、城市道路等领域的拓展应用服务。

发行方可适当将所属非现金支付卡应用功能进行拓展，应用于公路服务区标识站信息标识、停车场进出口缴费、城市道路收费站收费等适合由停车收费转换为不停车收费的领域。

9.2 发行服务

9.2.1 OBU和非现金支付卡应采用实名制发行，发行方应核对机动车所有人有效身份证件、办理人有效身份证件和机动车行驶证等法律规定的有效证件，并留存复印或影印件。

个人用户有效身份证件包括身份证、军官证、护照等；政府机关、企事业用户有效身份证件包括营业执照或组织机构代码证。

发行方在办理发行业务时，应利用全国ETC联网用户信息共享数据进行查询，确认为新用户后方可办理业务，即：该车辆确实未办理过 OBU 或非现金支付卡，以保证符合"一车一标签一卡"的发行原则。防止用户在不同省份办理多个标签或多张非现金支付卡。

发行方第一次报送全量的用户信息，之后每天报送增量信息。该信息将同步共享至所有发行方，作为各发行方筛选用户办理标签唯一性的依据。

如用户已在多个发行方办理非现金支付卡或 OBU，各发行方均须告知用户在一个月内选择一个发行方的设备继续使用，并将其他的销户。

个人用户有效身份证件包括身份证、军官证、护照等。可以参照 2000 年 4 月 1 日发布实施的《个人存款账户实名制规定》（中华人民共和国国务院令第 285 号）中明确规定了个人存款账户实名制的有效证件类型，包括有效期内的居民身份证（含临时身份证），护照、台胞证、港澳通行证（这三种证件仅限外籍或港澳台人士使用），武警警察身份证、军官证。具体办理证件各省可自行规定，因二代身份证背面印有有效期和属地，因此正反两面必须复印在同一张纸上。个别用户对办理业务时提供身份证并留底的要求有所抵触，并担心个人资料有所泄露，如用户担心身份证复印件被滥用，可在复印件上注明：该身份证复印件仅用于办理非现金支付卡××业务，不用于其他任何用途。

政府机关、企事业用户有效身份证件包括营业执照或组织机构代码证。对于政府机关用户一般是组织机构代码证复印件（加盖公章），对于企业单位用户一般是营业执照或组织机构代码证复印件（加盖公章）。并需提供单位介绍信及办理人身份证件。

9.2.2 发行方应对用户进行资格审查，并与用户签署使用协议，保证用户知悉使用权益及应遵守的各项规定。

发行方应依据《公路电子不停车收费联网运营和服务规范》（JTG B10-01—2014）和本实施手册，制定本省（自治区、直辖市）使用协议或章程，明确用户权益及应遵循的各项要求，协议及章程内容不得违反法律法规的相关规定；发行方委托发行的，也应遵守上述规定。

协议中应对用户提供虚假证件造成其他参与方经济损失的行为进行明确约束。

为便于日后查询，建议发行方对用户协议等信息资料进行电子化保存。

为简化办理流程和方便用户，建议用户注册填写的表格、用户协议印刷在一张单据上，一次完成签名确认。

发行方应向用户提供使用说明，明示使用方式、注意事项、服务网点地址、服务电话等信息。

9.2.3 OBU和非现金支付卡中应写入车牌号码，并与申请车辆牌照号码一致。

发行方在办理发行业务时，应核对用户的有效身份证件及机动车行驶证，严格按照机动车行驶证的信息录入车号、车型等相关信息，在安装时对车辆车型、座位数等信息进行核对，并采取可靠稽核措施避免资料录入错误。

可以采用双人复核等方式确保车型数据录入准确。

办理过程中应复印用户行驶证并留底，作为日后核查依据。

为保数据规范性，车牌号输入时不能包含空格、标点符号、特殊字符，所有英语字母必须采用大写，如：粤A12B34。所有的字母和符号都必须在英文状态下输入（即为半角状态）。

9.2.4 OBU和非现金支付卡应设置有效期并保持一致，有效期自用户注册之日起不应长于10年。发行方应提供到期提醒及续期服务。

考虑OBU、非现金支付卡黑名单数量的控制以及产品的使用寿命，设置有效期。

到期用户如不办理延期期，其非现金支付卡和OBU将无法使用，可以从黑名单中删除。如用户办理延期，发行方应先确认用户非现金支付卡和OBU是否需进入黑名单，并进行相应处理。

9.2.5 OBU和非现金支付卡质保期不应少于2年。质保期内，非人为损坏的OBU和非现金支付卡应免费维修或更换。

非人为损坏是指OBU、非现金支付卡表面完好，没有变形、断裂、烧熔、浸水，芯片上没有明显的划痕。质保期的结束时间具体为该产品销售2年后的同一天当晚23：59：59。质保期内，非人为损坏的OBU、非现金支付卡应免费维修，若无法立即修复使用的应免费更换。

发行方应制定用户设备的质保规定及维修办法，并在营业网点及客服网站公示。

为提高服务水平，OBU 如需回厂维修，可以考虑为用户提供备件标签使用。

如收取维修费用，发行方或产品厂家需提供正规维修发票。

9.2.6 用户挂失生效时间不应长于 24h。

挂失包括电话挂失、书面挂失等方式。

为防止用户遗失的非现金支付卡被非法使用，发行方应提供挂失相关服务，并保证挂失与解挂 24h 内生效。

挂失、解挂、补领办理应通过核对用户密码或有效身份证件验证用户的身份。

为减少纠纷，应在业务办理单据上明确挂失或解挂时间和生效时间。如用户在 24h 内对同一张非现金支付卡进行多次挂失和解挂操作，最后一次挂失或解挂的生效时间将延迟。

9.2.7 销户业务自用户申请销户之日起，应于 45 个自然日之内办理完毕。

由于用户办理非现金支付卡销户后，卡片在销户前在路网内部分争议消费的记录可能存在未结算的情况，考虑到 30d 的逾期交易期，设定销户期。非现金支付卡（包括记账卡和储值卡）的销户要设定 45d 的销户期。

9.2.8 发行方应于每月不晚于第 5 个工作日发布上一月份的月结单。

月结单通常包括用户通行记录、账户余额等信息。

发行方应于每月不晚于第 5 个工作日发布上一月份的月结单及消费记录，并同步报送国家中心。提供月结单及消费记录查询服务的期限应不少于 24 个月，服务方式及期限应向用户明示。在提供查询服务时，应通过核对用户密码或有效身份证件验证用户的身份。

发行方应提供的月结单查询及下载服务，查询途径可以为客服网站、邮件、手机 APP 或微信等。

考虑到部分用户有打印清单报销的需要，建议网站提供下载 pdf 格式清单功能，电子邮件格式为 pdf。

各参与方应保存不少于 10 年的用户服务信息。

9.2.9 发行方宜具备向车辆前装式 OBU 提供发行服务的能力。

前装式 OBU 指汽车制造厂安装的或汽车销售服务店安装的 OBU，通常采用车载供电。

9.3 投诉服务

9.3.1 投诉受理方应详细记录用户投诉信息，包括用户信息、投诉内容、诉求等。

用户投诉记录单见表 9-1。

卡号：需填写 20 位非现金支付卡卡号；

标签号：需填写 16 位电子标签号。

投诉按照投诉内容分为通行费争议投诉、非正常通行投诉、政策及宣传投诉、服务质量投诉、服务平台投诉及其他投诉六类。

通行费争议投诉是指 ETC 系统实际扣取通行费与应扣通行费不符（多扣费、重复扣费、未扣费、少扣费）而造成的投诉。与通行费扣费金额有关的投诉均可设定为通行费争议投诉，问题分类与描述见表 9-2。

通行费投诉典型案例：

重复扣费：用户在×月×日通行××站点出口时 ETC 车道交易失败，交现金通过，之后查询卡内余额发现非现金支付卡内也同时扣费。

多扣费 1：用户 5 月 4 日收到银行扣费短信 42.75 元，经系统查询为 5 月 2 日（小客车免费时段）通行××站—××站，用户认为此时应该属于免费范围。

多扣费 2：用户×日通行×高速，××出口人工刷卡，实际应扣 142.5 元，但余额查询发现少了 280 多元。

非正常通行投诉是指由于状态名单传输、ETC 车道系统设备故障、OBU 故障、非现金支付卡故障等原因而造成用户无法正常非现金缴费通过 ETC 或 MTC 车道的投诉。

9 用户服务

表9-1

用户投诉记录单

投诉单号：

受理方信息	受理方		受理时间		受理人及所属部门	
用户信息	来电人	联系电话	卡类型	卡号	车号	标签号
						标签品牌及型号
投诉对象			投诉类型			投诉等级
投诉记录	事件发生时间： 事件发生地点：（通行高速公路名称，区间及站点或服务网点、终端等） 是否现金交费：是/否 发票号：（用于现金交费） 事件描述：					
用户诉求						
用户及受理方提供信息和资料情况						
投诉一次处理	投诉响应	序号	处理方	处理人	意见及要求	发送时间	收件方
	投诉处理意见	序号	处理方	处理人	意见及要求	发送时间	收件方
	用户联系情况	序号	处理方	处理人	与用户联系情况及结果	联系时间	收件方
	用户意见	（满意、认可、不满意）					
	处理结果	处理时效					处理方式

续上表

		序号	处理方	处理人	意见及要求	发送时间	收件方
投诉二次处理	投诉处理意见						
	用户联系情况	序号	处理方	处理人	与用户联系情况及结果	联系时间	处理方式
	处理结果	用户意见（满意、认可、不满意）				处理时效	
投诉三次处理	投诉处理意见	序号	处理方	处理人	意见及要求	发送时间	收件方
	用户联系情况	序号	处理方	处理人	与用户联系情况及结果	联系时间	处理方式
	处理结果	用户意见（满意、认可、不满意）				处理时效	
投诉结案		结案方	结案人	结案时间	责任判定	投诉完成时效	

9 用户服务

问题分类与描述 表 9-2

问题分类	问题描述
重复扣费	非现金支付卡扣费成功同时现金交费
多扣费	由于标签漏读、交易失败、车道系统问题，导致扣费金额与实际应扣金额不符

非正常通行投诉典型案例：

状态名单传输：用户为记账卡用户，透支状态下充值。24h 后行驶××收费站时显示黑名单，只能领取通行卡通过。

政策及宣传投诉是指用户对非现金支付卡发行方、各参与方以及涉及本行业非现金支付卡的其他行业机构制定的非现金支付卡使用政策表示不满而造成的投诉以及用户对非现金支付卡发行方开展的宣传促销表示不满而造成的投诉。

服务质量投诉是指用户对非现金支付卡发行方、各参与方以及涉及本行业非现金支付卡的其他行业机构提供的服务（服务人员的服务态度、服务技能和服务水平等）表示不满而造成的投诉。

服务平台投诉是指用户在使用非现金支付卡发行方、各参与方以及涉及本行业非现金支付卡的其他行业机构提供的服务平台（自助充值、网站、客服热线、短信、微博、微信等）时，由于部分功能系统故障或其他原因导致用户无法正常使用或造成用户其他损失的投诉。

非上述 5 类投诉可划分为其他投诉。

投诉按照投诉程度可分为一般投诉和紧急投诉，紧急投诉包括二次投诉、短时间内不同用户对于同类事件的集中投诉、被媒体关注的投诉等。

各发行方、服务方及其他参与方应妥善保管并及时提供与投诉处理相关的通行记录、车道日志、图像、录像等证据，如因证据不足导致责任无法判定，则推定为无法提供证据方责任。

与事实相符的投诉，核查后确有责任或缺陷的，相关部门应对有失职行为的责任单位或个人进行教育和处理；对因流程或规定不合理造成的投诉，相关部门应提出改进建议；对因客观原因造成的投诉，应向用户解释清楚。

与事实不符的投诉，应向用户详细介绍有关政策、法规或制度的规定和客观、真实的情况，力求使用户对解释能理解和接受。

9.3.2 涉及本省（自治区、直辖市）参与方的投诉自受理之日起，应在 2 个工作日内响应，10 个工作日内完成投诉处理并向用户反馈处理意见。

9.3.3 涉及跨省（自治区、直辖市）的投诉自受理之日起，应在 2 个工作日内响应，21 个工作日内完成投诉处理并向用户反馈处理意见。

投诉自受理之日起进行响应指应及时告知用户投诉处理进度、预计处理时间等信息，询问用户是否存在需补充的建议，并做好用户的安抚工作。

所有跨省（自治区、直辖市）投诉处理过程均应通过国家中心综合业务系统完成，按照规定填写用户跨省投诉记录单据，进行投诉处理。本省投诉各省（自治区、直辖市）可参照执行。

（1）投诉受理方填写用户跨省投诉记录单据，详细记录用户投诉的全部内容，如投诉人、投诉时间、被投诉方（如投诉涉及省界站或涉及不同参与方，被投诉方可有多个）、投诉内容、投诉要求等，并请用户提供相关证据，做好用户的首次电话安抚工作。

（2）投诉受理方在记录用户投诉后，应即时通过综合业务平台将用户跨省投诉记录单据发送至被投诉方。

（3）被投诉方收到用户投诉后，应核查证据的完整性和真实性，开展投诉调查处理，并在 1 个工作日内响应，回复投诉处理进度、预计处理时间等信息，如需用户补充证据，应在响应时明确提出。

（4）如用户提供的证据虚假，则反馈至投诉受理方，投诉终止。

（5）被投诉方响应后，投诉受理方需在 1 个工作日内向用户进行反馈，及时告知用户投诉处理进度、预计处理时间等信息，做好用户的安抚工作。如需用户补充证据，应在反馈时请用户补充证据，并在 2 个工作日内发送至被投诉方。

（6）被投诉方应在收到投诉后 10 个工作日内将投诉处理完毕，将处理结果、处理依据及相关证据回复投诉受理方。

（7）投诉受理方收到投诉处理结果后，应在 1 个工作日内将投诉处理结果反馈至用户。

（8）用户对投诉处理结果满意或认可，投诉受理方在综合业务系统中将投诉结案。

9 用户服务

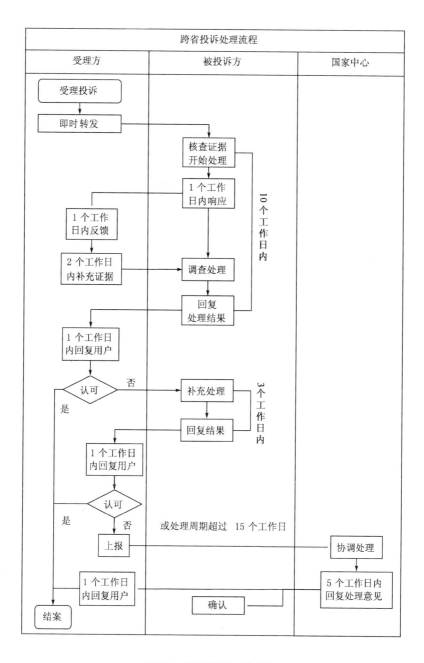

图 9-1 跨省投诉处理流程图

（9）用户如对投诉处理结果不认可并要求继续处理，投诉受理方应将此投诉再次发送至被投诉方；被投诉方应在 3 个工作日内将投诉处理完毕，并将处理结果、处理依据及相关证据回复投诉受理方；投诉受理方收到处理结果后，应在 1 个工作日内将投诉处理结果反馈至用户。

（10）投诉处理周期超过 15 个工作日或用户两次对处理结果不认可，投诉受理方将投诉上报国家中心协调。

（11）国家中心在核实证据的基础上，以用户利益优先为原则进行协调。如用户对投诉处理结果仍不认可，可由用户发起仲裁或通过法律手段解决。

（12）紧急投诉各参与方处理时间减半。

（13）涉及退费的通行费争议投诉，退费业务应与投诉业务同步处理，对于确认重复扣费或多扣费的通行费争议投诉，按退费业务相关规定进行退费。

（14）跨省投诉原则上由投诉受理方将处理结果反馈给用户。确属特殊情况的，也可由被投诉方反馈，但需在用户跨省投诉记录单据中注明原因。

（15）国家中心对跨省投诉处理进行用户满意度回访，并将结果公示。

（16）跨省投诉处理流程图如图 9-1 所示。

9.4 服务渠道

9.4.1 发行方应提供服务网点、呼叫中心、服务网站等发行服务渠道。

服务网点包括自营服务网点和代理服务网点。

服务网点包括自营服务网点、代理服务网点，根据各网点的业务性质不同，应提供充值、业务办理等服务。

发行方应在本省范围内设置统一的客服电话，专门受理用户咨询和投诉。

服务网站需提供产品介绍、网点查询、月结单打印、文件下载等多方面服务，有条件的省市可开通网上充值、在线办理等业务。

9.4.2 发行方的服务网点应覆盖到本省（自治区、直辖市）内县级行政区。

可以是自营服务网点或代理服务网点。

各省（自治区、直辖市）应设置足够数量、交通便利的服务网点，按《公路电子不停车收费联网运营和服务规范》(JTG B10-01—2014)使用形象标识,制定统一的业务流程、服务标准和礼仪规范。代理网点的各项管理要求应参照执行。

9.4.3 发行方可设自营服务网点和代理服务网点,并应做好服务网点的监督、管理和人员培训工作。

9.4.4 自营服务网点服务应符合下列规定:
1 工作日应提供不少于8h的对外服务时间。
2 服务内容应包括业务咨询、开户、销户、充值、挂失、解挂、OBU发行与安装、账单查询、用户信息变更、维护维修等全业务服务。

自营网点的工作日含周六、周日,法定节假日除外。

各省(自治区、直辖市)应设置足够数量的充值网点和终端,向用户提供便利的充值服务。人工柜面每个工作日应提供不少于8h的充值服务,自助终端每个工作日应提供不少于16h的充值服务。

9.4.5 代理服务网点应承担发行方委托的相关服务业务。

发行方应做好委托代理机构的管理和监督,主要包括:培训、定期巡检、盘点、对账、投诉处理。

9.4.6 呼叫中心应提供7d×24h服务,服务内容应包括业务咨询、投诉受理、信息查询、挂失等服务。

呼叫中心可以提供两种类型服务模式,自助语音服务或人工语音服务。自助语音服务通过提交给IVR交换机实现业务办理,人工语音服务就是一个话务员直接通过电话而不是面对面为用户服务的客服中心营业部。

呼叫中心可以为用户提供包括查询、服务登记、资料修改、挂失、投诉、定购等业务服务内容。

呼叫中心还可适度开展外呼服务,如满意度回放、投诉安抚等业务。

用户通过电话办理非基础资料、挂失、查询等业务时,应通过核对用户密码验证用户身份。若忘记密码,也可以通过有效身份证明验证,核对无误后办理。

9.4.7 服务网站应提供 7d×24h 服务，服务内容应包括业务介绍、投诉受理、账单查询、接受用户意见反馈、资料下载等服务。

各省（自治区、直辖市）应建设功能完备的服务网站，在确认用户身份的前提下向用户提供用户基本信息查询、余额查询、月结单查询、通行交易记录查询、投诉受理等服务。

网站从功能上可分为业务宣传和自助服务两部分：业务宣传部分主要介绍联网收费情况，宣传非现金支付卡优点、购买途径和使用方法，并为用户提供一些便利的服务，如网点查询、线路查询等。自助服务部分用户凭卡号和密码登录后，可以在网站上办理修改密码、登记邮寄服务、查询清单和转账情况等业务。

考虑到移动互联网业务的发展，可以采用新的网络手段，如手机网站、手机APP、微信等形式向用户提供服务。

10 形象标识

10.1 一般规定

10.1.1 服务网点、服务网站、非现金支付卡卡面等应使用 ETC 专用形象标识。

本条说明了 ETC 专用形象标识的主要应用场合为用户服务网点、用户服务网站、非现金支付卡卡面。其他与 ETC 相关的应用场合，如路侧单元、OBU 等可参照应用。

ETC 专用形象标识主要用于与 ETC 业务相关的视觉识别、推广宣传，ETC 专用形象标识应醒目，易于区别于其他标识标线。ETC 专用形象标识的主要应用场合为用户服务网点、用户服务网站、非现金支付卡卡面等。其他与 ETC 相关的应用场合，如路侧单元、OBU 等，由于出厂时已带厂家品牌标识，可参照应用 ETC 专用形象标识，不做强制规定。

10.1.2 ETC 专用形象标识主体标识及中英文字体应按第 A.0.1 条的样式使用、宣传与推广。

附录 A.0.1　ETC 专用形象标识样式如图 A.0.1 所示。

a) ETC 专用形象主体标识图形

b) ETC 专用形象标识中英文字体

图 A.0.1　ETC 专用形象标识样式

10.1.3 ETC专用形象标识包括四色模式图形、单色模式图形、艺术立体图形三种版本，应按第A.0.2条的样式选择其中一种版本制作。

附录 A.0.2　ETC专用形象标识各版本样式如图 A.0.2 所示。

a) 四色模式图形　　　　b) 单色模式图形　　　　c) 艺术立体图形

图 A.0.2　ETC专用形象标识各版本图示

四色模式主要由青、品、黄、黑四色根据一定比例关系调和成所需颜色，可作为平面印刷、打印等使用；单色模式主要由PANTONE色卡所定义的专用色值，可作为PANTONE色印刷、烫金、烫银印刷工艺，也可用于立体、刺绣、雕刻制版等制作工艺中；艺术立体图形可作为网页等色彩表现丰富的载体中。

10.2　制作要求

10.2.1　ETC专用形象标识制图应符合下列规定：

1　ETC专用形象标识的具体版面样式和尺寸结构应符合第A.0.3、A.0.4条的要求。

附录 A.0.3　ETC专用形象标识英文制图示例如图 A.0.3 所示。

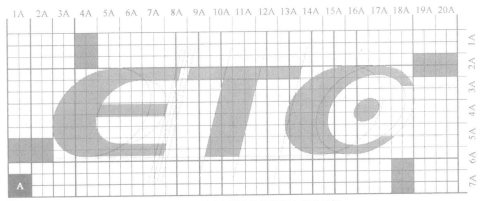

图 A.0.3　ETC专用形象标识英文制图示例

注：1. 方格制图中A为一个基本单位。
　　2. 图中蓝色阴影处为不可侵入区域。

10 形 象 标 识

2 ETC专用形象标识图形用于电子类显示设备等载体时,标识图形宽不应低于30像素;ETC专用形象标识图形用于平面印刷等载体时,标识图形宽不应低于10mm。

3 ETC专用形象标识中英文名称用于电子类显示设备等载体时,标识中英文名称宽不应低于60像素;ETC专用形象标识中英文名称用于平面印刷等载体时,标识中英文名称宽不应低于20mm。

本条严格规定标识制作的规格和各部分比例关系,制作时应严格按照附录A制图法的规定,采用方格制图绘制出正确的标识图案。

附录A.0.4 ETC专用形象标识中文制图示例如图A.0.4所示。

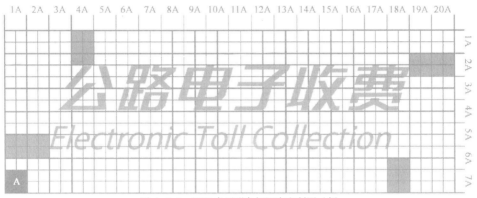

图A.0.4 ETC专用形象标识中文制图示例

注:1. 方格制图中A为一个基本单位。
　　2. 图中蓝色阴影处为不可侵入区域。

10.2.2 ETC标识与中英文字体的搭配应符合下列规定:

1 ETC专用形象标识与中英文字体应包含横式和竖式两种组合方式。

2 ETC专用形象标识与中英文字体的组合标识的具体版面样式和尺寸结构应符合图A.0.5、图A.0.6的要求。

3 ETC专用形象标识与中英文字体的横式组合标识用于电子类显示设备等载体时,横式组合标识宽不应低于120像素;ETC专用形象标识与中英文字体的横式组合标识用于平面印刷等载体时,标识图形宽不应低于40mm。

4 ETC专用形象标识与中英文字体的竖式组合标识用于电子类显示设备等载体时,竖式组合标识宽不应低于90像素;ETC专用形象标识与中英文字体的竖式组合标识用于平面印刷等载体时,竖式组合标识宽不应低于30mm。

附录A.0.5　ETC专用形象标识与中英文字体横式组合制图示例如图A.0.5所示。

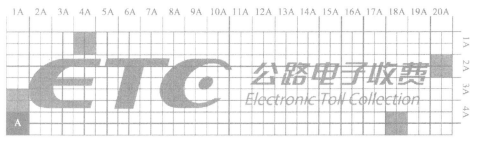

a)标识与中英文字体横式组合制图示例

b)标识与中英文字体横式组合应用示例

图 A.0.5　标识与中英文字体横式组合应用示例

注：1. 方格制图中 A 为一个基本单位。

2. 图中蓝色阴影处为不可侵入区域。

附录A.0.6　ETC专用形象标识与中英文字体竖式组合制图示例如图A.0.6所示。

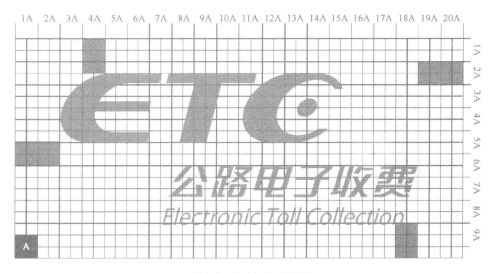

a)标识与中英文字体竖式组合制图示例

图　A.0.6

10 形象标识

b)标识与中英文字体竖式组合应用示例

图 A.0.6 标识与中英文字体竖式组合示例
注：1. 方格制图中 A 为一个基本单位。
    2. 图中蓝色阴影处为不可侵入区域。

10.2.3 ETC 专用形象标识的标准色应符合下列规定：

1 在主要的应用场合中，应使用橘红色作为基础色，基础色在不同应用场合应符合表 10.2.3-1 中的色值要求。

表 10.2.3-1 ETC 标识标准色色值要求

主要应用场合	色值设置要求
平面印刷载体，如卡面、名片、信封、信纸、宣传页等	C：0 M：65 Y：100 K：0
户外设施的喷绘	PANTONE 716 C
电子类显示设备，如电视、网站等	R：238 G：119 B：0

2 蓝色辅助色在不同应用场合应符合表10.2.3-2中的色值要求。

表10.2.3-2 ETC标识蓝色辅助色色值要求

主要应用场合	色值设置要求
平面印刷载体，如卡面、名片、信封、信纸、宣传页等	C：100 M：95 Y：5 K：100
户外设施的喷绘	PANTONE 072 C
电子类显示设备，如电视、网站等	R：32 G：42 B：136

根据各颜色色值要求，在实际制作中根据不同载体选取使用。基础色为ETC形象推广主色调，辅助色主要在ETC标识形象宣传的整体画面中起平衡、点缀作用。

本条需要强调的是ETC形象标识的推广主色调为橘光红色，蓝色辅助色目前仅用于用户服务网点门头的局部配色点缀，详见10.3.1。

10.3 设置要求

10.3.1 用户服务网点应用ETC专用形象标识应符合下列规定：

1 自营服务网点门头标识宜采用ETC专用形象标识与中英文字体的横式组合，可参考第A.0.7条的比例关系设置。

2 自营服务网点的整体门面可参考第A.0.8条中所示效果进行设置。

3 代理服务网点可在网点局部设置ETC专用形象标识。

附录A.0.7 用户服务网点门头应用ETC专用形象标识比例如图A.0.7所示。

附录A.0.8 用户服务网点整体效果可参考图A.0.8。

10 形象标识

图 A.0.7 用户服务网点门头效果示例

用户服务网点是对外宣传、传播服务形象的重要载体。整齐统一的网点形象标识，有利于 ETC 形象标识传播。本条中提供 ETC 专用形象标识与网点名称的标准组合主要应用于自营网点，实际制作时可参考相似比例进行设计。对于代理网点，条件允许的情况下，可在局部位置设置 ETC 专用形象标识。

由于各用户服务网点的门头规格尺寸均不同，可参照图 A.0.7 的相应比例制作用户服务网点门头，用户服务网点门头中"××高速×××服务网点"字样可由各省（自治区、直辖市）根据本省实际情况自行定义，如图 10-1 所示。

有条件的用户服务网点可根据图 A.0.8 的示例进行整体设计，一般情况下，至少保证用户服务网点门头应按照图 A.0.7 的样式制作。针对代理服务网点，在条件允许的情况下，可在局部位置设置 ETC 专用形象标识，如工作窗口、宣传板、宣传视频等。

《公路电子不停车收费联网运营和服务规范》实施手册

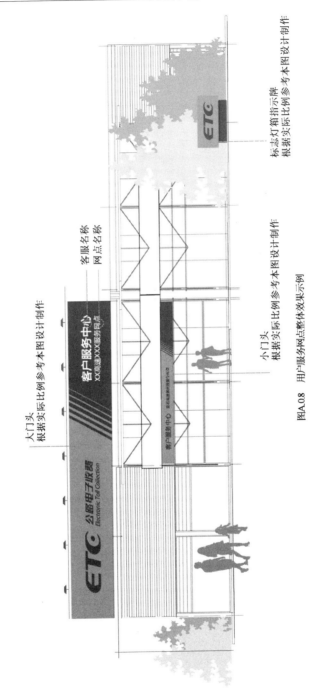

图A.08 用户服务网点整体效果示例

10 形象标识

图 10-1 安徽合肥用户服务网点门头示例

10.3.2 用户服务网站应用 ETC 专用形象标识应符合下列规定：

1 用户服务网站主页面应设置 ETC 专用形象标识。

2 ETC 专用形象标识宜采用艺术立体图形。

本条规定了用户服务网站主页面应设有 ETC 专用形象标识，其他页面可参考执行，ETC 专用形象标识设置时尽量注意与网页保持整体协调。

10.3.3 非现金支付卡应用 ETC 专用形象标识应符合下列规定：

1 由省（自治区、直辖市）ETC 发行方发行的非现金支付卡应设置 ETC 专用形象标识，可按第 A.0.9 条的示例进行设置。

2 由银行发行的非现金支付卡，宜设置 ETC 专用形象标识，应用示例可参考第 A.0.10 条。

3 ETC 专用形象标识宜采用艺术立体图形。

附录 A.0.9 ETC 非现金支付卡卡面应用 ETC 专用形象标识可参考图 A.0.9。

附录 A.0.10 ETC 非现金支付卡（与银行合作发行）卡面应用 ETC 专用形象标识可参考图 A.0.10。

本条规定了由发行方发行的非现金支付卡应设有 ETC 专用形象标识进行识

 标志安全距离参考图A.0.3执行

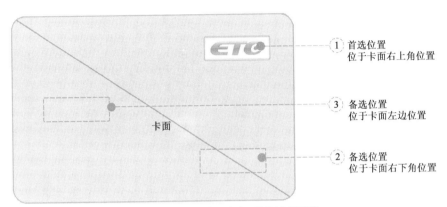

图A.0.9　ETC专用卡卡面标识应用示例

注：3个位置可根据实际卡面的设计合理选择。

图A.0.10　银行（合作）卡卡面标识效果示例

别，附录A.0.9针对ETC专用形象标识在卡面不同位置的设置进行了规范，根据实际需求，合理选择标识设置位置；由银行发行的非现金支付卡（银行联名卡），在条件允许的情况下，宜设有ETC专用形象标识进行识别，附录A.0.10给出了示例，可根据实际需求合理选择标识设置位置。

本规范用词用语说明

1 本规范执行严格程度的用词,采用下列写法:

1)表示很严格,非这样做不可的用词,正面词采用"必须",反面词采用"严禁";

2)表示严格,在正常情况下均应这样做的用词,正面词采用"应",反面词采用"不应"或"不得";

3)表示允许稍有选择,在条件许可时首先应这样做的用词,正面词采用"宜",反面词采用"不宜";

4)表示有选择,在一定条件下可以这样做的用词,采用"可"。

2 引用标准的用语采用下列写法:

1)在标准总则中表述与相关标准的关系时,采用"除应符合本规范的规定外,尚应符合国家和行业现行有关标准的规定"。

2)在标准条文及其他规定中,当引用的标准为国家标准和行业标准时,表述为"应符合《×××××××》(×××)的有关规定"。

3)当引用本标准中的其他规定时,表述为"应符合本规范第×章的有关规定"、"应符合本规范第×.×节的有关规定"、"应符合本规范第×.×.×条的有关规定"或"应按本规范第×.×.×条的有关规定执行"。

附件A 基础知识

A.1 电子不停车收费系统介绍

电子不停车收费（Electronic Toll Collection，简称ETC）是指在不停车条件下，应用无线电射频识别及计算机等技术自动完成对通过车辆的识别、收费操作、车道设备控制和收费数据处理的收费方式。在这种收费系统中，车辆需安装一个系统可唯一识别的电子标签设备（On-Board Unit，简称OBU），且在收费站的车道或公路上设置可读/写该OBU的路侧设备（或读写器）和相应的计算机收费系统。车辆通过收费站点时，驾驶员不必停车交费，只需以系统所允许的速度通过，OBU便可自动与安装在路侧或门架上的读写设备进行信息交换，收费计算机收集通过车辆信息，并将收集到的信息上传给后台服务器，服务器根据这些信息识别出道路使用者，然后自动从道路使用者的账户中扣除通行费。

ETC系统是一项可实现公路收费电子化的先进收费系统，而且该系统的实施具有更深远的社会意义和经济效益，具体表现在：首先，ETC可以使用户以不停车的形式在收费路段上完成通行费的收取，减轻了由于停车和启动带来的交通噪声和路面磨损；节约能源，保护环境，包括避免车辆怠速运转时油料不完全燃烧带来的环境污染以及通过减少停车次数降低车辆燃油消耗量。其次，ETC系统大幅度提高通行能力，可在一定程度上缓解站区车辆拥堵现象，并避免了因大规模扩建站区所需的土地征收，节约建设成本。其三，ETC系统是无人值守的非现金交易，一方面，可以为用户提供方便快捷的服务，另一方面，可以节省高速公路管理者的人工费用和运行费用。其四，ETC系统对于城市而言，还是一种通过经济杠杆进行交通流调节的切实有效的交通管理手段。对于交通繁忙的大桥、隧道，ETC技术可以避免月票制度和人工收费的诸多弱点，有效提高市政设施的资金回收能力。

附件A 基础知识

我国 ETC 系统主要采用 5.8GHz 专用短程 DSRC 通信技术，并配合"双片式 OBU＋双界面 CPU 卡"车载终端，同时满足 ETC 系统与人工半自动收费（Manual Toll Collection，简称 MTC）系统的应用需求。ETC 专用车道的主要设备包括：电子标签读写器、对进入和通过 DSRC 通信区域的车辆进行检测的车辆检测器、自动车牌识别设备、车道控制器、自动栏杆、费额显示器、车道摄像机及字符叠加器等，如图 A-1 所示。

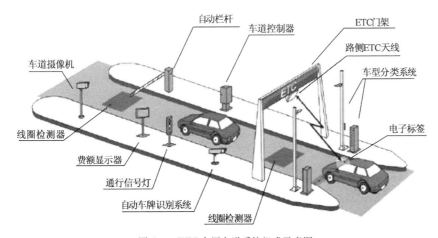

图 A-1 ETC 专用车道系统组成示意图

从图 A-1 中可以看，ETC 系统是由前端系统和后台系统两部分组成，系统结构示意图如图 A-2 所示。

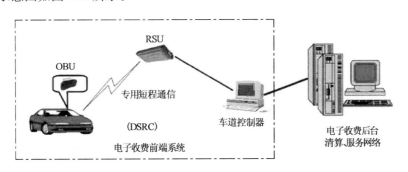

图 A-2 ETC 系统结构示意图

针对高速公路收费车道而言，前端采用车道隔离设施的 ETC 系统通常称为单车道 ETC 系统，此 ETC 收费方式也是目前国内高速公路的主流收费方式；前

85

端无车道隔离设施的 ETC 系统，应用 ETC 技术自动完成对多条车道上自由行驶车辆的收费处理，此种方式称为自由流电子收费方式（Free flow ETC），目前我国部分省市高速公路已开始应用此方式作为车辆精确路径识别的研究和试点，将来此方式将成为缓解城市拥堵的主要研究方向。本附件主要介绍以高速公路为主的单车道 ETC 系统。

后台系统主要由清分结算系统、数据库系统、客服系统、发行系统、密钥系统、通信系统等构成，主要负责 ETC 前端系统的数据采集、分析以及与金融（合作银行）系统的账务信息交互等。

A.2 ETC 收费方式的关键设备与技术基础

（1）非接触逻辑加密卡（Mifare I 卡）

非接触逻辑加密卡内的集成电路包括加密逻辑电路和可编程只读存储器 EEPROM，加密逻辑电路在一定程度上保护着卡和卡中数据的安全。卡片与读写机具之间的通信操作通过射频方式进行。

目前，国内公路收费使用的非接触逻辑加密卡普遍为 Mifare I 工业标准，其读写设备在国内许多单位已有成熟技术，便于管理与维护。由于非接触逻辑加密卡的认证过程相对简单，读写操作过程相当快，一般在 100ms 内可完成 6 个扇区的读写，适宜作通行券使用，并且在公路收费实践中得到验证。

（2）双界面 CPU 卡（Mifare Pro 卡）

CPU 卡内的集成电路包括中央处理器 CPU、可编程只读存储器 EEPROM、随机存储器 RAM 以及固化在只读存储器 ROM 中的卡内操作系统 COS。CPU 卡相当于一台微型计算机，只是没有显示器和键盘，因此 CPU 卡一般称为智能卡（Smart Card）。CPU 卡中数据可分为外部读取和内部处理（不许外部读取）部分，以确保卡中数据的安全可靠。有的卡中还固化有 DES 和 RSA 等密码算法，甚至还有密码协处理器，在卡中就可以对数据作加密/解密和数字签名/验证运算。双界面 CPU 卡是基于单芯片的、集接触式和非接触式接口为一体的智能卡。接触式和非接触式两种接口共享同一个微处理器、操作系统和 EEPROM。

双界面 CPU 卡中通信接口标准分为 TYPE A 型和 TYPE B 型。其中，

TYPE A 型通信完全兼容 Mifare I 标准。所以在公路收费中应采用 TYPE A 型的双界面 CPU 卡,以便于采用同一台读写机具完成两种类型卡片的操作。本附件所说的双界面 CPU 卡就是指 TYPE A 型的双界面 CPU 卡。

双界面 CPU 卡与读写机具间能够进行复杂的双向认证及加/解密过程,而且交易过程符合有关规范,所以适合于在公路收费中做预付卡使用,尤其是推荐做储值卡使用。

(3) 双片式 OBU

通常所谓的双片式 OBU 具有支持接触式 IC 卡和非接触式 IC 卡读写的能力。但由于在进行非接触 IC 卡读写时,OBU 要消耗电能产生电磁波,以通过非接触 IC 卡的感应线圈进行数据交换,而大多数用户希望 OBU 的自带电池免维护且长寿命使用,所以在 OBU 不采用车内取电的方式时,要实现对非接触 IC 卡的长寿命操作是很困难的,因此,比较现实的是采用接触式 IC 卡。所以,在要求 OBU 采用接触式读写方式,而 MTC 系统采用非接触读写方式的条件下,在双片式 OBU 中采用双界面 IC 卡是合理的技术解决方案。与传统的单片式或双片式 OBU 所不同的是,在组合式收费方式中,路侧天线控制器必须内置 PSAM 安全认证模块,以适应储值卡业务的需要,所以技术难度相应增加。

(4) IC 卡车道专用收费机具

IC 卡车道专用收费机具需要完成对 Mifare I 卡和双界面 CPU 卡的密码核对、双向认证、数据读写、文件管理等操作。目前,高速公路收费系统中在用的 IC 卡收费机具绝大多数已经具有此项功能。在组合式收费方式中,IC 卡车道专用收费机具必须内置 PSAM 安全认证模块,以适应储值卡业务的需要。

A.3 国内 ETC 发展历程

(1) 起步阶段

ETC 最早引入我国是 20 世纪 90 年代,当时,随着国内经济的发展,地区交通量飞速发展,产生了收费口交通堵塞、环境污染等一系列问题,社会对迅速提高收费服务水平的需求越来越强烈。随着 ITS 研究的发展,ETC 在美国、欧洲等许多国家快速发展并形成规模效益。国内在 1996 年开始考虑 ETC 收费,而从国外 ETC 系统策划建立的漫长过程看，ETC 系统实际上涉及很多方面的技术问题和复杂的管理问题，需要与具体国情相结合。鉴于我国高速公路大部分采用封闭式人工收费方式，单片式 ETC 技术显然不适合我国高速公路的普及与应用，经过对我国收费行业状况的研究和评估，提出了要发展适合中国国情的组合式电子收费模式，并着手自主开发具有核心技术的产品。自此，我国 ETC 技术开始了由选择性引入到自主开发创新再到大规模应用的过程。

(2) 行业试验试点阶段

1996~1997 年间，一些科研院所、公司及其他单位为了推动 ETC 在国内的发展而积极进行研究试验。最具代表性的试验主要有交通部公路科学研究所（以下简称"公路所"）和日本丰田公司联合进行的组合式设备试验以及广东路路通的 ETC 系统工程试验。公路所和日本丰田公司的技术试验着力研究主动和被动电子收费技术的实际性能和应用条件，为 2000 年国家技术创新项目打下良好的技术基础。而广东路路通 ETC 系统建设过程和运营过程，为我国以后的 ETC 研究积累了宝贵的建设和运营管理经验。

自 1998 年，我国进入行业试点阶段。同年 6 月，原交通部组织交通部公路科学研究所、西安公路科学研究所、广东省交通厅、北京市交通局、江苏省交通厅、四川省交通厅开展了"网络环境下不停车收费系统研究"行业联合攻关项目研究，试点工程包括北京首都机场高速公路、广东省京珠高速广韶段试点工程、江苏省沪宁高速公路、四川德中公路。至 2002 年年底，除广东省、北京市的 ETC 工程进入实际运营外，江苏省、四川省的示范工程基本建成但并未投入实际运营。

(3) 省内规模应用阶段

①省内联网阶段

随着高速公路建设进度加快，早期的独立路段开始连接成线、交织成网，联网收费的需求日益迫切。2001 年，浙江率先实现了省内联网收费，到 2006 年，有收费公路的省份基本上都实现了省内联网收费。期间，2003 年，原交通部党组决定开展京沈高速公路联网收费示范工程建设，至当年 10 月，京沈高速公路联网收费系统顺利开通，示范工程圆满完成。作为全国区域联网收费的一块试金石，它的成功实践，达到了"管理水平的突破、技术手段的创新、行业形象的展示"三大目的。

②区域联网阶段

京沈示范工程虽然解决了跨省联网收费问题，系统性地提升了路网通行效率，但在收费方式上依然沿用"入口领卡、出口缴费"的模式，在高速公路快速成网、交通流量迅速增长的情况下，这种传统的人工收费技术开始难以适应，需要应用更为先进的技术来解决联网收费问题。为此，从2007年开始，部依托"十一五"科技支撑计划重大项目《国家高速公路联网不停车收费和服务系统》，组织编制了ETC系列国家标准和行业技术要求，并开展了京津冀和长三角区域ETC联网示范工程建设。

在示范省份的共同努力下，京津冀（北京、天津、河北）区域高速公路联网电子不停车收费示范工程于2010年9月28日实现互联互通。长三角（上海、江苏、浙江、安徽、江西、福建）区域高速公路联网电子不停车收费示范工程始于2008年12月31日，上海和江苏在沪苏高速公路的省界收费站进行了ETC联合试运行开通，实现沪苏互联；2009年11月28日，安徽ETC系统开通，并实现了沪苏皖三地互联；2010年7月28日，实现沪、苏、皖、赣ETC系统互联互通。2012年年初，福建并网。2012年8月2日，浙江正式并网，至此长三角（上海、江苏、浙江、安徽、江西、福建）区域高速公路联网电子不停车收费示范工程正式实施完成，全面实现了长三角地区五省一市高速公路区域联网ETC互联互通、跨省市运营，跨省市清分与结算。

至此，ETC联网的经济效益和社会效益初步显现，引起广泛关注。

（4）全国ETC联网准备阶段

在总结ETC示范工程成功经验的基础上，2010年12月，交通运输部会同财政部、国家发展改革委印发了《关于促进高速公路应用联网电子不停车收费技术的若干意见》，提出了实现全国联网的目标。同时修订完善了相关技术标准，为全国联网奠定了良好的技术基础。为了检验跨区域联网技术和运营管理的可靠性，交通运输部结合军车安装使用ETC，在京津冀和长三角两个示范区域的11个省市组织开展了军车使用ETC联网试运行，从软件升级、工程检测、运行调试等方面为全国联网积累了经验。为了进一步扩大联网规模，交通运输部又组织开展了山西、山东两省和京津冀区域 ETC 联网，并于 2013 年 12 月 31 日成功开通运行。

2014 年 3 月 7 日，交通运输部下发《关于开展全国高速公路电子不停车收费联网工作的通知》（交公路发〔2014〕64 号），正式启动全国高速公路 ETC 的联网工作。

附件B 投诉责任

B.0.1 各发行方、服务方及其他参与方应妥善保管并及时提供与投诉处理相关的通行记录、车道日志、图像、录像等证据，如因证据不足导致责任无法判定，则推定为无法提供证据方责任。

B.0.2 与事实相符的投诉，核查后确有责任或缺陷的，相关部门应对有失职行为的责任单位或个人进行教育和处理；对因流程或规定不合理造成的投诉，相关部门应提出改进建议；对因客观原因造成的投诉，应向用户解释清楚。

B.0.3 与事实不符的投诉，应向用户详细介绍有关政策、法规或制度的规定和客观、真实的情况，力求使用户对解释能理解和接受。

附件 C 用户应遵守的基础规范

C.0.1 用户应遵守使用章程、服务协议等相关规定。

C.0.2 用户应提供办理 OBU 和非现金支付卡所需的资料，并保证所提供的资料真实、准确、完整、合法。

C.0.3 用户信息发生变更后，应按照协议或相关规定办理变更手续，若因不及时变更信息而造成的损失由用户承担。

C.0.4 用户应妥善保管 OBU 和非现金支付卡，使用过程中保证 OBU、非现金支付卡与签约车辆一一对应，若用户非正常使用，服务方有权拒绝提供相应服务。

C.0.5 用户不得将 OUB 自行拆卸、安装或擅自移用到其他车辆上，若私自拆卸挪用电子标签，用户须承担包括但不限于补交通行费、终止高速公路电子付费服务的后果。

C.0.6 装有 OBU 的车辆，在 ETC 车道通行时，车速不得超过现场限速标志规定的时速，并与前车保持安全距离，按照车道信号灯指示通行；若不能正常通行，须停车配合现场工作人员处理。

C.0.7 在通行高速公路收费站区发生争议时，应在不影响交通秩序的情况下协商解决。

C.0.8 用户对交易数据记录如有异议，应自月结单发布之日起 30 日内提出。

C.0.9 ETC 车辆通行高速公路时，须遵守当地通行管理规定。